ATIVANDO RESULTADOS

ATIVANDO RESULTADOS

DOZE ESTRATÉGIAS EFICAZES PARA VENDER, CONCLUIR NEGOCIAÇÕES E MELHORAR OS RESULTADOS RAPIDAMENTE

Michael A. Boylan

ALTA BOOKS
EDITORA
Rio de Janeiro, 2011

Ativando Resultados
Copyright © 2011 da Starlin Alta Con. Com. Ltda.
ISBN 978-85-7608-532-4

Produção Editorial:
Starlin Alta Con. Com. Ltda.

Gerência de Produção:
Anderson da Silva Vieira

Supervisão de Produção:
Angel Cabeza

Copidesque:
Lara Alves

Tradução:
Eliana Ranniger

Revisão Gramatical:
Michele Aguiar

Diagramação:
Greice Marry

Capa:
Angel Cabeza

Fechamento:
Sergio Luiz Almeida de Souza

Translated From Original: Accelerants, ISBN: 978-15-9184-150-0. Original English language edition Copyright © 2007 by Wiley Penguin Group (USA), Inc. by Michael A. Boylan. All rights reserved including the right of reproduction in whole or in part in any form. Portuguese language edition Copyright © 2011 da Starlin Alta Con. Com. Ltda. All rights reserved including the right of reproduction in whole or in part in any form. This translation published by arrangement with Penguin Group (USA), Inc.

Todos os direitos reservados e protegidos pela Lei no 9.610/98. Nenhuma parte deste livro, sem autorização prévia por escrito da editora, poderá ser reproduzida ou transmitida sejam quais forem os meios empregados: eletrônico, mecânico, fotográfico, gravação ou quaisquer outros.

Todo o esforço foi feito para fornecer a mais completa e adequada informação; contudo, a editora e o(s) autor(es) não assumem responsabilidade pelos resultados e usos da informação fornecida.

Erratas e atualizações: Sempre nos esforçamos para entregar ao leitor um livro livre de erros técnicos ou de conteúdo; porém, nem sempre isso é conseguido, seja por motivo de alteração de software, interpretação ou mesmo quando há alguns deslizes que constam na versão original de alguns livros que traduzimos. Sendo assim, criamos em nosso site, www.altabooks.com.br, a seção Erratas, onde relataremos, com a devida correção, qualquer erro encontrado em nossos livros.

Avisos e Renúncia de Direitos: Este livro é vendido como está, sem garantia de qualquer tipo, seja expressa ou implícita.

Marcas Registradas: Todos os termos mencionados e reconhecidos como Marca Registrada e/ou comercial são de responsabilidade de seus proprietários. A Editora informa não estar associada a nenhum produto e/ou fornecedor apresentado no livro. No decorrer da obra, imagens, nomes de produtos e fabricantes podem ter sido utilizados e, desde já, a Editora informa que o uso é apenas ilustrativo e/ou educativo, não visando ao lucro, favorecimento ou desmerecimento do produto/fabricante.

Impresso no Brasil.

O código de propriedade intelectual de 1º de julho de 1992 proíbe expressamente o uso coletivo sem autorização dos detentores do direito autoral da obra, bem como a cópia ilegal do original. Esta prática generalizada, nos estabelecimentos de ensino, provoca uma brutal baixa nas vendas dos livros a ponto de impossibilitar os autores de criarem novas obras.

Rua Viúva Cláudio, 291 – Bairro Industrial do Jacaré
CEP: 20970-031 – Rio de Janeiro – Tel.: 21 3278-8069/8419 Fax: 21 3277-1253
www.altabooks.com.br – e-mail: altabooks@altabooks.com.br

Este livro é dedicado àquelas pessoas que modelam a persistência em todas as suas formas. Aquelas que veem a necessidade de melhorar e têm a previsão e a confiança nelas mesmas, e a ideia tal como elas não tomariam um não como resposta – impulsionando sempre para a frente até que elas vejam as suas ideias em ação. Isso é o que eu fiz ao criar este material e processá-lo. Ele tinha de ser disseminado no mundo para ser usado por todas, em face do seu poder e habilidade em beneficiar genuinamente aquelas que o usarem para atingir a maioria dos seus sonhos. Aprenda esse processo, use-o respeitosamente, seja um *ATIVADOR DE RESULTADOS* e pratique, pratique, pratique.

AGRADECIMENTOS

*G*OSTARIA DE AGRADECER ÀS SEGUINTES PESSOAS POR SUA *ORIENTAÇÃO* e seu suporte durante a preparação e a escrita deste livro. Primeiramente, meus agradecimentos a Adrian Zackheim, da Portfolio, pela sua intuição e crença em como este material poderia beneficiar milhares de pessoas e as organizações onde elas trabalham. Por sua fé e confiança eu sou muito grato.

Também desejo agradecer a sua equipe extremamente profissional: Adrienne Schultz, minha editora; Will Weisser, editor associado; e Shannon Garrison, minha publicitária, por seu talento, dedicação e discernimento em fazer deste um grande livro.

Para a minha agente, Margret McBride, e sua equipe profissional, os quais ajudaram a canalizar as minhas energias durante a escrita deste livro.

Para os nossos clientes que tiveram confiança suficiente neste material para trazê-lo para as suas organizações, adaptá-lo às suas aplicações e adotá-lo no campo como parte do método com que eles se dirigem ao mercado, impulsionando um maior desempenho para a receita e eficiência em suas organizações.

Para alguns dos meus conselheiros e instrutores que me ajudaram durante anos a dirigir esse negócio: Ken Blanchard, Larry Wilson e Harry Paul.

Para Bob Thele, anterior CEO da Covey Leardership; Mike Meyer, Presidente da i.360 Technologies e CEO anterior da Cap Gemini for

viii | *AGRADECIMENTOS*

the Americas; Jim Woodward, chefe anterior da Transformational Outsourcing for CGE&Y for the Americas; para John Murray, Presidente da Advance Path e CEO anterior da PLATO Learning; Matt Schocklee, sócio sênior da PriceWaterhouseCoopers; Alain Thiry, Presidente e CEO da EMSI e Presidente anterior da The Carlson Marketing Group, para a Europa; Gary Gindele, Vice-presidente do grupo anterior da Keane; e muitos outros que me aconselharam ao longo dos anos.

Para a minha família e os meus amigos pelo seu apoio e encorajamento durante a caminhada. E para Nancy Andzulis, Christine Krason, Mykael Sprague, Winnie Shows, Megan French, Vance Woolwine, John Bull e Jerry Begly por toda a sua ajuda e experiência durante o processo. Para o conjunto, um grande time de profissionais e conselheiros de fé, pelos quais eu sou grato.

PREFÁCIO
A ESSÊNCIA DOS BENEFÍCIOS DESTE LIVRO

*E*STE LIVRO DARÁ A VOCÊ E AO SEU PESSOAL A MELHOR PRÁTICA e as ferramentas provadas no campo que podem ajudar cada um a impulsionar ou gerar receita para o seu negócio, de forma mais eficiente e em menos tempo.

Descreverei em detalhes 12 obstáculos que impedem, e algumas vezes bloqueiam, as organizações de ganharem mais receita, sem considerar o seu tamanho, permitindo que você diagnostique rapidamente quais os obstáculos que são os maiores impedimentos ao crescimento da receita das suas companhias e tome imediatamente as ações para minimizá-los.

O material prossegue com a descrição das 12 ferramentas provadas no campo chamadas de Ativadores de Reações. Essas ferramentas podem auxiliar a minimizar os seus obstáculos, ajudando o seu escopo, a venda e o fechamento de negócios em maior quantidade e amplitude em menos tempo, reduzindo o seu tempo para um negócio e o custo das vendas em 25%. Mais especificamente, esses Ativadores de Reações ensinarão a você como:

- Planejar novas metas de oportunidades de receita de forma mais eficiente.

PREFÁCIO: A ESSÊNCIA DOS BENEFÍCIOS DESTE LIVRO

- Resumir e tornar mais eficazes os seus processos de venda atuais.

- Gerar proposições de valor mais persuasivas que criam urgência ao agir.

- Identificar e ganhar acesso aos tomadores de decisões *reais* mais rápida e eficazmente.

- Resumir e melhorar o poder e a entrega das suas apresentações em clichê padrão, entregando-as na metade do tempo da sua solicitação.

- Avaliar e atingir mais precisamente o escopo de cada probabilidade de oportunidade para fechar em menos tempo o seu processo de cortejo.

- Aumentar o tamanho das oportunidades enquanto elimina aquelas oportunamente se iniciando.

- Reduzir o seu ciclo de fechamento em até 25%.

- Reduzir o seu custo de vendas em até 25%.

- Energizar o seu campo de força com as ferramentas que eles usarão correntemente em face do seu trabalho.

- Fomentar outorga de poderes, coesão e clareza de propósitos dentro da sua organização.

Isso é o que este material pode fazer por você, seu pessoal e seu negócio! Uma ordem de hierarquia? Você será o seu juiz. Mas, baseado nas companhias que têm usado os Ativadores chave no seu negócio por vários anos, sobre algumas das quais você lerá brevemente, logo verá por que essas ferramentas também podem ser entregues a você.

Os 12 Obstáculos e os 12 Ativadores de Reações estão listados em dois organogramas para a sua revisão nas páginas 6 e 7, a fim de que você possa ter uma visão geral e imediata do alto nível das mesmas. Isso o ajudará a ver rapidamente por que o material é relevante, oportuno, e por que ele pode impulsionar diretamente o desempenho da receita da sua companhia, fazendo com que esta avance com sucesso.

SUMÁRIO

AGRADECIMENTOS vii

PREFÁCIO: A Essência dos Benefícios deste Livro ix

INTRODUÇÃO: Vinte Anos de Modelação 1

Seção Um: Os Obstáculos

OS IMPEDIMENTOS LIMITANDO A VELOCIDADE PELA QUAL VOCÊ PODE DESENVOLVER O SEU NEGÓCIO

PRIMEIRO OBSTÁCULO: As Percepções Gerais do Cliente ou Possível Cliente da Sua Indústria 21

SEGUNDO OBSTÁCULO: A Percepção do Cliente ou do Possível Cliente da Essência das Suas Ofertas – Ou da Solução do Seu Fornecedor Atual 31

TERCEIRO OBSTÁCULO: A Percepção da Sua Equipe do Seu Negócio, Seus Produtos e Serviços 35

QUARTO OBSTÁCULO: O Processo Educacional Preferido do Cliente ou do Possível Cliente em Potencial – e os Procedimentos de Mediação Estrita 40

QUINTO OBSTÁCULO: O Processo de Tomada de Decisão em Nível Executivo do Cliente ou Possível Cliente 43

xii | *SUMÁRIO*

SEXTO OBSTÁCULO: A Articulação de Sua Organização de Marketing das Propostas de Mensagens e Valor para Suas Principais Ofertas e a Inconsistência com a qual Elas São Comunicadas aos Clientes e aos Clientes em Potencial.　　48

SÉTIMO OBSTÁCULO: O Seu Nível de Entrada e Engajamento nas Organizações do Cliente e do Possível Cliente　　54

OITAVO OBSTÁCULO: A Inabilidade de Articular as Suas Proposições de Valor aos Tomadores de Decisão Reais　　60

NONO OBSTÁCULO: O Seu Receio de Pré-Qualificar Exageradamente o Cliente ou o Possível Cliente para Justificar Reuniões Adicionais Downstream　　65

DÉCIMO OBSTÁCULO: O Seu Receio de Dirigir a Dança com os Clientes e os Possíveis Clientes　　68

DÉCIMO PRIMEIRO OBSTÁCULO: O Conteúdo, o Formato e a Entrega da Sua Apresentação em PowerPoint são Opacos – Ela é Demasiadamente Longa e Não Focalizada de Forma Concisa　　75

DÉCIMO SEGUNDO OBSTÁCULO: A Sua Inabilidade em Comunicar-se com os Clientes e Possíveis Clientes – Os Benefícios Financeiros do Trabalho em Conjunto　　77

Seção Dois: Os Princípios Ativadores

OS DOZE PRINCÍPIOS PROVADOS PARA SUPERAR, MINIMIZAR OU DISSOLVER OS OBSTÁCULOS AO DESENVOLVIMENTO DO SEU NEGÓCIO

HISTÓRIA DE SUCESSO DOS ATIVADORES: Nunca é Tarde Demais　　84

PRIMEIRO PRINCÍPIO ATIVADOR: Avalie o Seu *Status*　　91

SEGUNDO PRINCÍPIO ATIVADOR: Projete o Seu Futuro　　95

TERCEIRO PRINCÍPIO ATIVADOR: Privilegie o Seu Progresso　　103

QUARTO PRINCÍPIO ATIVADOR: Metrifique a Mensagem　　107

QUINTO PRINCÍPIO ATIVADOR: Acesse o Castelo 119

HISTÓRIA DE SUCESSO DO ATIVADOR: Referências de Rocha
Firme que nem Sempre Oscila ou Rola 129

SEXTO PRINCÍPIO ATIVADOR: Entregue a Sua Última Apresentação 133

SÉTIMO PRINCÍPIO ATIVADOR: Pinte o Quadro Financeiro 143

OITAVO PRINCÍPIO ATIVADOR: Mantenha a Sua Fundamentação 149

NONO PRINCÍPIO ATIVADOR: Conduza o Concerto 153

DÉCIMO PRINCÍPIO ATIVADOR: Harmonize-se quanto ao Dinheiro 157

DÉCIMO PRIMEIRO PRINCÍPIO ATIVADOR: Calibre-se para o Sucesso 161

DÉCIMO SEGUNDO PRINCÍPIO ATIVADOR: Complete o Ciclo de Integração 167

Seção Três
AS HISTÓRIAS DE SUCESSO DOS TRÊS MAIORES ATIVADORES

HISTÓRIA DE SUCESSO DO ATIVADOR: Subindo a Montanha 175

HISTÓRIA DE SUCESSO DO ATIVADOR: Executar – Criar – Executar 183

HISTÓRIA DE SUCESSO DO ATIVADOR: Vendendo Avião Executivo 188

Seção Quatro
MOVENDO-SE PARA FRENTE

Customizando o Processo para as Aplicações do seu Negócio 195

Transferindo o Conhecimento e a Habilidade Adaptada ao seu Pessoal 199

Aplicação no Mundo Real, Implementação e Execução 201

Seção Cinco

ONDE SOLICITAR AJUDA

O Valor da Avaliação dos Obstáculos e como consegui-la
para o seu Negócio 205

Sobre as Ofertas de Produtos e Serviços da Accelerant

International – Clientes Atendidos 207

Visão Geral do Executivo 209

Conversas com o Autor 211

Discurso com a Nota Tônica para a sua Próxima Reunião ou
Evento da Companhia 213

Os Princípios Ativadores 215

Índice Remissivo **217**

INTRODUÇÃO
VINTE ANOS DE MODELAÇÃO

*E*STE LIVRO TRATA DO APERFEIÇOAMENTO do desempenho da receita principal e do lucro final da sua organização pelo significativo encurtamento das vendas e do(s) ciclo(s) de fechamento do seu negócio. Ativando Resultados pode ajudar você e seu pessoal de forma muito mais eficiente e eficaz quanto ao planejamento de oportunidades de futuros negócios e à formação de proposições de valor (em uma grande empresa ou nível de unidade de negócio) que ocasionem e soem como urgência no agir com os tomadores de decisão com quem você deseja ou necessita ter um maior acesso. Você também pode ter acesso mais rápido e mais eficientemente, com uma apresentação que será um deleite, essencialmente reduzindo o seu "tempo para um acordo".

Este é um novo material, efetivamente provado durante os últimos oito anos com milhares de profissionais de diversas áreas que o usaram e experimentaram ganhos de produtividade mensuráveis. O material tem ajudado as organizações a aumentar suas vendas, tanto pelos clientes existentes quanto pelos possíveis clientes, e ainda a recuperar negócios que estavam supostamente perdidos – conduzindo a uma maior penetração do mercado e dando às companhias vantagem competitiva.

Essas 12 ferramentas testadas no campo e com melhores práticas, são chamadas de Ativadores porque podem impulsionar as vendas da

2 | INTRODUÇÃO: VINTE ANOS DE MODELAÇÃO

maioria dos seus produtos, serviços, soluções ou conceitos em menos tempo, com menos despesa e esforço. Cada princípio Ativador é, com efeito, uma habilidade determinada e um estabelecedor de propósitos – uma solução ligue-e-toque, representando um novo estilo, mais inteligente, mais agressivo e agora, no senso comum do estilo de pensar, sobre como e por que essa abordagem pode ajudar a levar a sua companhia a novos patamares. Todos os 12 Ativadores oferecem às companhias soluções do ponto de vista individual que podem ser aplicadas em áreas específicas do negócio, e/ou servir como um desenvolvimento coeso da estrutura do negócio, impulsionando a fase inicial da sua busca negocial e seu processo de obtenção.

Membros dos Conselhos de Administração, CEOs e presidentes, todos os níveis de gerenciamento sênior, os proprietários de negócios como também o gerenciamento de nível médio, crescimento estratégico e os gerentes de contas voltados para os clientes, o marketing de campo e os profissionais de desenvolvimento de vendas e negócios descobrirão o valor real deste material.

Você pode achar difícil acreditar que exista alguma coisa nova para dizer ou aprender sobre o processo de vendas. Mas a verdade, é que as vendas, o desenvolvimento dos negócios e os métodos de marketing dos últimos vinte anos simplesmente não acompanharam os passos das maiores complexidades em realizar negócios numa economia global. Isso não quer dizer que o seu processo atual não funciona, pois as peças moventes do outro lado do seu processo, que estão constantemente em movimento e mesmo em mudança, vêm gradualmente desgastando a eficácia do seu processo atual. Isso inclui pequenas coisas como:

- Os procedimentos de MEDIAÇÃO e COMPRA dentro de companhias de médio e grande portes que estão radicalmente mudando o modo pelo qual os seus clientes e possíveis clientes tomam conhecimento de suas ofertas. Isso muda a maneira como você deve abordar e vender para essas companhias.

- A consolidação maciça do PODER DE TOMAR DECISÕES e a AUTORIDADE nas mãos de umas poucas pessoas, retirando muito da autonomia de tomada de decisão de indivíduos com os quais você tipicamente trabalha e/ou corteja numa base diária.

- O ELEVADO NÍVEL DE COMPETIÇÃO na sua indústria específica, o qual está colocando uma pressão maior sobre você para reduzir os seus preços, adicionar maior valor e mesmo prestar sempre um serviço melhor ao cliente.

- A falta do que chamo de mínima atenção CORTÊS por parte de alguns proprietários e muitos executivos seniors em grandes companhias, que parecem presos em reuniões e impossibilitados de serem contatados.

Como sei disso? Fui proprietário autônomo de negócios e empresário por vinte anos, iniciando, crescendo e, eventualmente, vendendo a minha propriedade em dois negócios, então começando a Accelerant International. Tenho um registro de trajetória de sucesso em planejamento de metas, reuniões, apresentação e fechamento de negócios com a gerência executiva sênior das organizações listadas na *Fortune 1000* e de entidades de médio porte nos Estados Unidos, no Canadá e no exterior. Alguns dos meus clientes incluem a ADP, a Microsoft's Certified Solution Providers, a Research in Motion (fabricante da BlackBerry), a NCR, a NEC Technologies, a Ceridian, a Mitel Networks, a Logical/CMG, a Cap Gemini Ernst & Young, a PLATO Learning, a Administaff e outras empresas de serviços financeiros e profissionais e de diferentes setores da indústria.

O processo de vendas não é um bicho de sete cabeças, então, qual é o jogo do negócio? Você pode perguntar. Por que ousar e considerar alguma coisa diferente, melhor ou mais eficaz? Será porque o seu processo atual não está funcionando? Talvez. Será porque você está cansado do seu processo atual e deseja alguma coisa nova? Provavelmente, não. Então, por que considerar a implementação de certos Ativadores que poderiam ajudar no seu processo atual ou mesmo substituir o seu processo por inteiro como o Processo Ativador de Negócios? Porque esses conceitos podem melhorar o seu jogo e dar a você uma vantagem nessa competição injusta.

4 | INTRODUÇÃO: VINTE ANOS DE MODELAÇÃO

O Processo Ativador de Negócios ajuda a matriz da organização, alinha, aperfeiçoa, contrai as unidades respectivas do negócio e metrifica as suas mensagens e proposições de valor atuais para especificar as oportunidades, as posições da indústria almejada e as reuniões em que elas servirão. Esse processo também ajuda nas vendas, no marketing, no desenvolvimento de negócios e nos planejamentos estratégicos das organizações, tornando-os mais proativos, eficientes e eficazes na direção de uma receita maior e melhorando a margem de lucro sobre o negócio realizado. Ao longo do tempo, o Processo Ativador pode se tornar muito benéfico financeiramente para a sua empresa, mais proficiente e eficaz no crescimento do seu negócio como o processo dos Seis Símbolos de desvio padrão o são, e continuar a ser para as companhias, em termos de ajudar a melhorar várias iniciativas e processos relativos à qualidade.

Hoje, existem 12 obstáculos comuns que podem causar, e frequentemente causam, um sério impacto negativo na maioria dos negócios. Alguns obstáculos são relativos ao marketing e outros às vendas. Outros têm mais a ver com as percepções do mercado e da indústria que os clientes e os possíveis clientes detêm da sua indústria, os provedores da mesma e os seus pontos de vista sobre a essência das suas ofertas. Similarmente, outros obstáculos emanam dos pontos de vista e percepções do seu próprio pessoal, da indústria na qual eles fazem negócios e das ofertas que apresentam aos clientes e possíveis clientes. A primeira seção deste livro descreve esses obstáculos em detalhes, explicando como e por que eles se aplicam consistentemente em baixar a pressão da sua companhia, tornando-a menos eficiente, e lucrativa. Esses obstáculos podem tornar, e tornam, vagaroso o crescimento do seu negócio. Nem sempre os negócios enfrentam todos os 12, mas a maioria enfrenta pelo menos quatro ou cinco, e muitos enfrentam vários. Tipicamente, esses obstáculos impulsionam cada um da organização, dos mais altos níveis do gerenciamento sênior ao marketing e ao departamento de serviços ao cliente e às pessoas no campo encarregadas de trazer e manter o negócio. Após a leitura dos obstáculos você terá uma ideia melhor daqueles que estão atravessando o seu caminho.

Então, apresentarei cada Princípio Ativador na ordem em que eles foram projetados para serem usados, provendo os mais altos benefícios para o usuário. Colocando os Princípios Ativadores para trabalhar para você, eles poderão ajudá-lo a eliminar ou superar esses obstáculos destruindo-os ou dissolvendo-os. Você aprenderá o que está por trás de cada um, seu valor específico para o seu negócio e como você pode usá-los para armazenar mais sucesso.

Sem embustes, o material o proverá com informação adicional sobre certos Ativadores, em que o treinamento e a consultoria da fase final ajudarão a adaptá-los as suas aplicações específicas, levando o seu negócio àquele nível próximo do sucesso sustentado.

Aqui está uma visão geral dos 12 obstáculos e dos 12 Ativadores:

O Obstáculo Contínuo

Existem muitos fatores que impactam negativamente os níveis de desempenho e a eficácia geral de quaisquer esforços de desenvolvimento do negócio da organização. Abaixo estão os doze obstáculos que podem reduzir o crescimento do seu negócio.

O Poder da Entrada, O Ciclo do Sistema de Alavancagem, O COL, A Marca do Projeto do Logo do Ciclo de Alavancagem, DENTES, Os DENTES, Oficina de Proposição de Valor, O Formato de Apresentação Condensada de 1/3 ... 2/3. *ATIVADORES*, cada um dos Doze Princípios Ativadores e o *Processo Ativador para o Negócio*, são todas Marcas Comercias, Marcas Comerciais Registradas e Marcas de Serviço do The Boylan Group, Inc., Copyright © 2007 por The Boylan Group, Inc. Todos os direitos reservados. The Boylan Group, Inc. reforça os seus direitos na sua propriedade intelectual e marcas correlatas.

INTRODUÇÃO: VINTE ANOS DE MODELAÇÃO | 7

Os Doze Princípios Ativadores

Estabeleça habilidades individuais que você possa usar como soluções ligue e toque no seu processo atual de desenvolvimento do negócio como desejado. Ou tomados como uma estrutura coesa que pode ser operacionalizada no campo, os *Ativadores* oferecem às companhias um processo avançado de desenvolvimento do negócio que pode ser customizado para cada unidade de negócio para aumentar as receitas dos clientes atuais, possíveis clientes planejados como alvo, indústrias verticais e oportunidades proteladas.

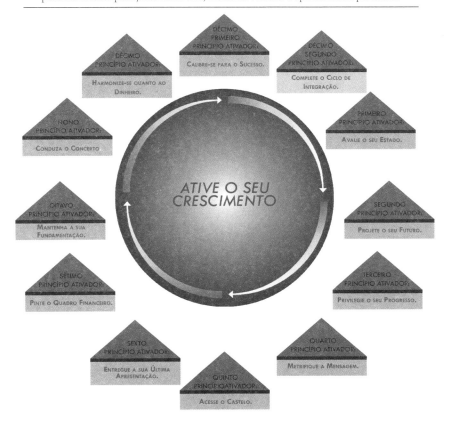

O Poder da Entrada, O Ciclo do Sistema de Alavancagem, O COL, A Marca do Projeto do Logo do Ciclo de Alavancagem, Dentes, Os Dentes, Oficina de Proposição de Valor, O Formato de Apresentação Condensada de 1/3 ... 2/3. *Ativadores*, cada um dos Doze Princípios Ativadores e o *Processo Ativador para o Negócio*, são todas Marcas Comerciais, Marcas Comerciais Registradas e Marcas de Serviço do The Boylan Group, Inc., Copyright © 2007 por The Boylan Group, Inc. Todos os direitos reservados. The Boylan Group, Inc. reforça os seus direitos na sua propriedade intelectual e marcas correlatas.

8 | *INTRODUÇÃO: VINTE ANOS DE MODELAÇÃO*

Usando o Processo dos Ativadores você e os desenvolvedores do negócio podem conseguir rapidamente as pessoas certas e conduzir mais reuniões e convocações eficazes, uma vez que você esteja nelas. As reuniões também podem tomar menos tempo do que o usual, para o deleite do pessoal com quem você se reúne – e produzir um resultado melhor.

Ninguém pode esconder mais. Os sistemas de crescimento necessitam ser avaliados nesse ambiente de negócio mais complexo no qual todos nós estamos jogando para ganhar. Os seus sistemas necessitam ser avaliados para comprovar se eles são capazes de dar à sua companhia os conjuntos de ferramentas que ajudarão você a atingir novos patamares. Você necessita de ferramentas e princípios que resistam aos próximos 20 anos. Os Ativadores podem ser essas ferramentas.

O seu processo atual de negócio de busca e obtenção pode não necessitar de uma revisão. Ou você pode sentir que justamente uns poucos componentes estão partidos ou necessitam de ajustes, e que ligando uns poucos Ativadores em seu processo atual eles podem resolver o problema, ou após ver como esses princípios complementam um o outro, você pode decidir que o Processo Ativador inteiro (customizado ao seu negócio) pode ser a alternativa que você estava buscando. Use o que você precisa e descarte o restante. Você tem de ser o juiz e decidir.

Na essência de cada Ativador, existe uma filosofia designada a armazenar uma interação mais respeitosa, cortês, produtiva e eficiente entre a sua companhia e todos aqueles com quem você escolhe se engajar – a fim de que todas as partes tratem cada outra com um nível mais profundo de decoro e respeito como o negócio deve ser negociado.

EM QUE OS ATIVADORES E O PROCESSO ATIVADOR DO NEGÓCIO SE TORNARAM: 20 ANOS DE MODELAÇÃO

Eu sou um empresário. Como sócio, gastei sete anos (1986 – 1992) formando o nosso primeiro negócio – uma distribuidora norte--americana para soluções de processamento de discagem/chamada preditiva. Vendemos esses sistemas complexos (hardware, software e serviços de suporte de fase final) para empresas listadas na *Fortune 1000*, para os serviços bancários, de cartões crédito, cobranças e indústrias de telemarketing externas. Alguns dos nossos concorrentes eram gigantes sofisticados e bem financiados, tais como a IBM-Rolm, a AT&T e a Rockwell – grandes novidades para uma dupla de rapazes nos seus 20 anos sem nenhuma experiência.

Em face de estarmos vendendo para grandes corporações, a maioria amparada publicitariamente, não havia qualquer pressa em comprar e implementar a nossa excelentemente fabulosa tecnologia de ponta; tivemos ciclos de vendas longas. De 12 a 18 meses parecia ser a norma, e algumas vezes isso levava dois anos. Porque iniciamos o negócio com um pequeno empréstimo, isso foi um "jogo duro". Estávamos nervosos imaginando de onde e quando viria o próximo negócio. E por que essa era a nossa primeira execução para nos tornarmos empresários, isto foi tal como "um cego guiando o outro cego". O preço médio de compra para as nossas ofertas era de cerca de US$ 79,000 por sistema de cinco estações, com alguns clientes comprando 10, 20 e, em alguns poucos casos, mais de uma centena de estações. Tínhamos grandes sonhos, parcos recursos e precisávamos comer. Fui o escolhido para "entrar rapidamente pelas portas" dessas grandes companhias para falar com alguém que, eu esperava, tivesse autoridade para tomar decisões.

Para encurtar os nossos ciclos de fechamento, tentamos entrar numa organização, tão grande quanto possível, para a reunião inicial. Eu estava focado na apresentação das nossas mercadorias aos executivos seniors, não aos gerentes de nível médio e mais baixo que diriam coisas agradáveis, recomendariam outra reunião e aceitariam prazerosamente a nossa típica carta lembrete na forma de uma refeição cara. Não tínhamos a reserva monetária para esperar eternamente, participar de outra reunião ou duas ou 12 antes de determinar se teríamos um ganho ou não. Uma vez que não tínhamos a resistência dos nossos concorrentes, eu tinha de calcular como fechar oportunidades de negócios de forma mais inteligente e rápida do que eles. Isso significou criar um acesso a um nível relativamente alto (não necessariamente no departamento de informática), algumas vezes múltiplos executivos

10 | *INTRODUÇÃO: VINTE ANOS DE MODELAÇÃO*

seniores, todos de uma vez, tão rápido quanto humanamente possível, de forma que pudéssemos contar a nossa história e avaliar a orientação. Então, se houvesse um interesse real, poderíamos conduzir as coisas de cima para baixo *versus* o clássico de baixo para cima.

O resultado foi uma metodologia que eu desenvolvi através dos anos de experimentos e uso, agora chamada de Círculo do Sistema de Alavancagem ou COL, um processo que agora possui várias marcas comerciais nos EUA e é uma das razões para o nosso sucesso. O Sistema COL resultou em contratos assinados com a Fingerhut, a Household International, o Citigroup nos Estados Unidos e na Europa, a Payco American (a maior agência de cobrança de terceiras partes da nação, naquela ocasião), a I. C. System, o Harris Bank, a Time-Life e muitas outras companhias desse porte e escopo – para a surpresa e irritação dos nossos enormes concorrentes.

O Sistema COL (veja o quinto Ativador) foi muito eficaz para aumentar a nossa taxa de sucesso nas primeiras reuniões de alto nível dentro de companhias de grande e médio portes que não tinham urgência para comprar, nem estavam mesmo procurando por uma solução, e poderia ser mais difícil ganhar acesso às mesmas e menos ainda aos níveis mais altos.

Assegurar um ou dois executivos de nível sênior nessas "primeiras reuniões" dentro de grandes companhias propiciou um resultado prazeroso e contínuo do Sistema COL. Mas esse tipo de audiência nas primeiras reuniões e nas subsequentes forçaram-nos a diferentes tipos de conversação – e uma forma diferente de apresentação. Esses executivos de alto nível dispunham na maioria das vezes de pouco tempo em suas mãos, eram algumas vezes menos cordiais e colocavam maior pressão para negociar. Nenhum deles estava interessado no *bate-papo*, mantendo uma conversação robusta ou uma abordagem consultiva sobre o mesmo. Muitos não pareciam importar-se com as nossas questões engenhosamente elaboradas, projetadas para obter deles a abertura dos seus desafios e trabalhos aos quais eles precisavam se dedicar. Essas eram as brilhantes questões como, *"Diga-me, Steve... o que mantém você acordado à noite?"* Essa abordagem, na verdade parecia incomodá-los, apesar de esse ser o método como fui treinado para ser um homem de vendas. Esse era supostamente o caminho apropriado para abordar todas as oportunidades potenciais de negócio. De fato, muitas companhias de vendas e treinamento gerencial ainda ensinam essa abordagem nos dias de hoje.

Esses executivos, contudo, queriam (e esperavam) que eu os levasse ao ponto – o ponto financeiro, os dentes, como eles clamariam – o mais rápido possível. Nos primeiros minutos da reunião, quando estávamos a ponto de impressionar com a apresentação do nosso belo e cuidadosamente planejado lote de mais de trinta slides para contar-lhes quem nós éramos, o que fazíamos, a quem tínhamos ajudado (que era basicamente ninguém nos primeiros anos), eles clamavam em voz alta coisas como:

"Sabe, Michael, antes de começarmos, como você pode nos ajudar? Quero dizer, no final do dia, o que está 'envolvendo a rede' aqui? Dê-nos alguma substância. Dê-nos alguns DENTES. Como vocês, público, podem realmente nos ajudar?"

Eu não estava preparado. Eu era rápido sob pressão, mas, para ser franco, não sabia como responder à sua satisfação ou com qualquer nível de especificidade ou clareza. Pensei que o meu trabalho fosse aprender de onde os seus desafios e trabalhos estavam vindo, fazendo as perguntas certas, mas essa abordagem fez com que muitas dessas reuniões atingissem uma parede de tijolos. Eles chegavam a um final mais rapidamente do que eu poderia vislumbrar, sem compreender o que realmente tinha acontecido. Após todo aquele grande trabalho em penetrar tão alto nessas companhias, perdíamos a oportunidade porque não passávamos a nossa mensagem do modo que os executivos gostariam de ouvir.

Esse nível de trabalho e falha fez com que eu eventualmente despertasse e então criasse um novo processo... estabelecendo outra ferramenta. Desenvolvi uma metodologia para reduzir as mensagens e as proposições de valor (as quais os provedores usualmente já consideram ótimas e totalmente claras). Também calculei como articular o primeiro par de minutos de qualquer reunião, convocação de conferência ou web – x demo – os DENTES financeiros – o "envolvimento da rede", como esses tipos de alto nível gostariam de dizer – que as nossas ofertas

12 | *INTRODUÇÃO: VINTE ANOS DE MODELAÇÃO*

poderiam oferecer. Essa mudança na nossa abordagem tornou-se o quarto Ativador, METRIFIQUE A MENSAGEM, o qual você aprenderá brevemente. Comecei usando ambas as metodologias no nosso negócio com grandes resultados. Mas havia cada vez mais desses executivos de alto nível e proprietários que esperavam nas reuniões do começo da manhã quem os ajudasse a separar o joio do trigo. Eles não estavam querendo participar até o fim ou mesmo examinar a nossa brilhante apresentação do PowerPoint. Eles esperavam que eu compartilhasse os DENTES da nossa solução – o lado fraco, o lado forte – nessas primeiras reuniões e resumisse o meu discurso de vendas pelo menos pela metade. Eles queriam "a substância", como eles mesmo chamam, imediatamente, literalmente dentro dos primeiros cinco minutos da reunião ou convocação – não o modo típico, escondido em algum lugar em direção à rota final.

Eventualmente aprendi que eles usavam essa informação para determinar se estavam bastante impressionados para permanecer na reunião. Se não, a pessoa-chave ou as pessoas na sala basicamente a deixariam, dizendo alguma coisa como:

"Michael, eu estou feliz que você tenha vindo hoje a nós com a sua solução. Evidentemente, haverá alguma aplicação aqui para a nossa organização, e eu deixarei isso com as pessoas capazes que estão nesta sala com você agora. Tenho a máxima fé e confiança nelas e, portanto, deixarei que elas me digam como proceder a partir daqui e, se for conveniente nesta ocasião realmente pormos mãos à obra, procederemos ao exame quando você fizer algum tipo de RFP (requisição para proposta). Peço desculpas, mas preciso sair para atender a alguns outros assuntos. Mas, por favor, continue com a sua apresentação e nós manteremos contato, OK?"

Eles diziam isso com o mais doce, o mais persuasivo dos tons, tal como manteiga quente sobre uma lagosta, com aquele semblante de filhote de cachorro com absoluta naturalidade nas suas faces. Eu, naturalmente, pensei, "Ótimo, nós temos a sua adesão por enquanto, então, vamos continuar". Quão estúpido eu fui – porque finalmente tomei consciência de que a reunião tinha *acabado*. Não adequadamente, talvez tivéssemos uma chance no futuro – e a reunião estava *ganha*. Eu tinha *perdido* a minha chave com a pessoa mais importante ou com a

INTRODUÇÃO: VINTE ANOS DE MODELAÇÃO | 13

pessoa que tomaria a primeira decisão em grandes companhias, onde ninguém toma quaisquer grandes decisões sem que várias pessoas, chave concordem com elas.

Eu estava zangado, irritado e determinado a superar essa frustração recorrente com companhias médio e de grande porte. Por fim, aprendi que os proprietários de pequenos negócios processavam a informação e desejavam que ela lhes fosse entregue do mesmo modo. Eles queriam a linha de fundo, e queriam isso abertamente. Eu modifiquei dramaticamente o nosso estilo de apresentação para fazer exatamente com que, pelo desenvolvimento de um outro processo – agora uma prática mais apurada chamada de Formato de Apresentação Condensada de 1/3... 2/3 e fazendo parte do sexto Ativador –, se ENTREGUE A ÚLTIMA APRESENTAÇÃO.

Assim, no curso de vários anos de experimentações e desenvolvimentos com companhias médio e de grande porte, eu me tornei altamente proficiente em:

1. Entrar o mais alto possível, tão rápido quanto possível, na sala de um ou mais tomadores de decisões reais.

2. Articular uma ligeira proposição de valor mais financeiramente dirigida às pessoas do nível sênior.

3. Apresentar durante um tempo tremendamente exíguo "a substância" de forma imediata e a apresentação total e acabada em um terço do tempo que eu tinha requisitado, para surpresa e deleite daqueles presentes nas reuniões.

Essas três metodologias representaram uma saída radical do método pelo qual os nossos grandes concorrentes estavam vendendo. Essas companhias tinham bilhões em receitas, abundância de caixa e dedicadas contas de despesas que permitiam que os seus vendedores desenvolvessem esse relacionamento pelo uso da abordagem do consultivo classicamente aceita para vender. A acepção que eles tinham do tempo e da imagem de uma grande companhia de luxo atrás deles fazia com que os mesmos perguntassem questões do tipo "O que

14 | INTRODUÇÃO: VINTE ANOS DE MODELAÇÃO

mantém você acordado à noite?" ou "Em que áreas do seu negócio você está experimentando os maiores desafios?" etc. Não me entenda mal. A abordagem do consultivo é eficiente. Eu a usei muito, e ela é certamente um meio efetivo de prestar atenção ao negócio da venda de qualquer coisa que você tenha. Contudo, isso é apenas um caminho.

As grandes companhias com as quais estávamos competindo tinham força – enquanto nós não. Eu precisava saber tão rápido quanto humanamente possível de cada companhia com quem eu me reuni: *Os seus rapazes estão realmente interessados ou não? E, em caso afirmativo, quem estará na segunda e na terceira reunião de modo que possamos mover a bola para frente?*

Eu aperfeiçoei essas três metodologias durante os primeiros anos através do uso consistente nas companhias de portes diferentes, adaptando-as a uma variedade de cenários e aplicações que eu encontrei. Elas trabalharam com os clientes que estávamos tentando cultivar, como também com os possíveis clientes, novos setores na indústria vertical e as oportunidades que tínhamos perdido para um concorrente. De fato, você lerá sobre um cenário na Household International, onde aconteceu esse caso. Essas ferramentas também foram úteis quando as companhias com quem estávamos nos encontrando, subitamente pararam de retornar as nossas chamadas telefônicas. Como empresário, isso me deixava louco, então, adaptei os meios para usar os princípios nessas situações também. Eu estava constantemente adaptando um programa para eles para ajudar-nos nas miríades de situações que alguém encontra numa vida de vendas e influenciando outras. Tornar-me um dos maiores jogadores da indústria era a prova para mim de que essas metodologias testadas na batalha estavam produzindo bons resultados – tínhamos as receitas para provar isso.

Usei essas ferramentas para lançar uma segunda companhia com o meu sócio e um outro amigo. A Verifications Inc. é uma provedora de verificação de fundo de credencial para os departamentos de recursos humanos das companhias da *Fortune 1000*. Eu estava quase pronto para ver se essas ferramentas trabalhavam numa outra indústria onde eu não tinha experiência, nem credenciais, nem histórico, nem

INTRODUÇÃO: VINTE ANOS DE MODELAÇÃO | 15

referências ou meios para entrar pela porta – justo como eu tinha entrado na indústria de tecnologia. Estou satisfeito de a Verifications Inc. permanecer como uma das provedoras detentoras da primazia nesses serviços no meio-oeste.

Confiante com as sequências dos dois sucessos e armado com as três defesas estratégicas que provaram ser eficazes por vários anos de uso em organizações de grande e médio porte, logo em seguida ao período de 1992 a 1994, fiz uma operação arriscada. Vendendo a minha parte societária nas primeiras duas companhias, ingressei na indústria da música com a intenção de obter um contrato de gravação como cantor com a maior gravadora – um sonho desde a minha adolescência.

As coisas se tornaram interessantes, quando, após ter gasto várias centenas de milhares de dólares num estúdio de gravação, as minhas três metodologias testadas no campo me proporcionaram convocações para conferências e reuniões em pessoa com os CEOs e SVPs da AR&R (a pessoa mais importante e encarregada da aquisição de talentos) das maiores gravadoras, muitas das quais eram multibilionários conglomerados de dólares musicais e de lazer.

Nenhum dos executivos considerou que a música que eu tinha gravado merecia um contrato de gravação; agora eles estavam me bombardeando com questões sobre como eu estava conseguindo reuniões e convocações para conferências com pessoas de alto nível no negócio sem quaisquer referências, credenciais ou experiência na indústria a que eu gostaria de pertencer.

Esses executivos da música interrompiam o meu discurso de vendas em minutos com questões como:

"Michael, espere um minuto. É verdade que você se reuniu ou foi convocado uma semana ou duas antes pelo meu rival na RCA? E que você também falou com o SVP da A e R na Arista Records? Isso é verdade?"

Tão logo eu confirmasse que isso era verdade, eles me interrompiam com:

"Filho, como você está conseguindo isso? Parece que você está usando algum tipo de modelação sobre todos nós, não está?"

"Sim, senhor, eu estou", eu dizia.

16 INTRODUÇÃO: VINTE ANOS DE MODELAÇÃO

"E o que é que você está fazendo? Você sabe o que você está fazendo para conseguir essas reuniões com pessoas como eu? Eu acredito que você saiba o que eu faço aqui. Eu movo esta gravadora, basicamente. Como você é capaz de obter a nossa atenção sem qualquer experiência neste negócio? Você não acha que isto é só um acontecimento incomum você estar falando com pessoas como nós que movimentamos essas organizações de multibilhões de dólares? Eu acho que isso é surpreendente. Eu não estou interessado na sua música, para ser muito franco. Mas no que eu estaria interessado seria saber mais acerca de como você poderia ajudar a nossa organização de vendas a fazer o que você está fazendo com as pessoas de quem queremos nos aproximar."

Isso não era o que eu gostaria de ouvir, mas essa mesma resposta de inúmeras grandes gravadoras dirigiu-me a alguma coisa mais. A minha carreira musical tinha oficialmente ocorrido e ido embora, mas agora eu tinha o ímpeto do Ativador e a criação e a configuração dos princípios Ativadores em uma estrutura coesa e poderosa para a fase inicial dos esforços de desenvolvimento dos negócios de uma companhia.

POR QUE OS ATIVADORES E O PROCESSO ATIVADOR DE NEGÓCIOS SE TORNARÃO OS SEUS NOVOS E MELHORES AMIGOS

O que você aprenderá tem sido uma batalha testada no campo por mim e por milhares de outras pessoas. Você *deve* dar uma olhada no processo que está usando para planejar, procurar, qualificar e fechar negócios. Identificar aquelas áreas que podem estar deficientes e fracas, a fim de que possam ser melhoradas e intensificadas. Você quer que o seu negócio permaneça forte e sempre próspero no encalço da turbulência do mercado, o que está se tornando uma norma. Os Ativadores e o Processo Ativador de Negócios podem fazer exatamente isso. Isto é um conjunto de princípios provados no campo repetitivamente e um processo que pode produzir resultados surpreendentes, enquanto permite a você flexibilizar o processo a fim de que ele possa ser adaptado às numerosas situações de venda, marketing e crescimento orientado.

Nos recentes anos, as companhias de grande e médio portes não têm investido muito no seu pessoal em termos de venda, desenvolvimento do negócio e treinamento gerencial. De fato, a gerência sênior tem ignorado frequentemente essa área porque ela é um alvo fácil para justificar cortes. O resultado provou que as companhias que se tornaram rançosas, complacentes e sem contato ou relações, se tornaram ineficientes quanto ao seu padrão de vendas e abordagens de marketing.

Muitos processos de vendas não funcionam mais – ponto final. Mas, as companhias não sabem exatamente o que não está funcionado ou o porquê, ou o que precisa ser ajustado. E o que é pior, muitas companhias negam que os seus processos estejam falidos e não toleram que elas necessitam continuar progredindo. Os Ativadores podem indicar os impedimentos ao crescimento futuro dentro de milhares de companhias, entre compradores e vendedores e as forças de mercado, que estão em constante mutação.

Leve a sério o conselho e os motivos de suporte que os clientes têm-me proporcionado ao me ajudar a criar um conjunto de Ativadores que podem servir como uma nova e coesa estrutura da primeira fase dos negócios quanto ao seu objetivo, busca e obtenção de negócios mais significativos para os próximos 20 anos. Sendo um estudante deste material, como eu tenho sido como o seu criador, sei que você aprenderá como as ferramentas operam e como elas podem servir ao mais profícuo e melhor uso dentro da sua organização por um longo tempo que virá.

Seção Um: Os Obstáculos

*OS IMPEDIMENTOS LIMITANDO A VELOCIDADE
PELA QUAL VOCÊ PODE DESENVOLVER
O SEU NEGÓCIO*

PRIMEIRO OBSTÁCULO
AS PERCEPÇÕES GERAIS DO CLIENTE OU POSSÍVEL CLIENTE DA SUA INDÚSTRIA

O *PRIMEIRO OBSTÁCULO É SUTIL. OS CLIENTES E OS POSSÍVEIS CLIENTES* raramente falarão sobre eles porque isso revelaria a sua estratégia de negociação, e, compreensivelmente, eles não querem perder qualquer alavancagem quando chega a hora de negociar pelo melhor preço, serviço e suporte.

O modo pelo qual um cliente ou possível cliente distingue as companhias do seu setor pode lhe dizer muito sobre o que ele espera da sua companhia e como ele se conduzirá como uma organização durante o processo de aproximação, até o ponto de um contrato assinado e além. Sua perspectiva também influencia como ele tratará você como um vendedor/provedor durante o seu relacionamento profissional. Não sabendo como ele distingue as companhias na sua indústria em geral, pode deixar você com um tapa-olho, meramente adivinhando como ele responderá a cada etapa do seu processo de aproximação.

Eu estava no encalço de uma firma de serviços que fornecia um conjunto de ofertas abrangente para organizações de grande e de médio porte, por meio de numerosas indústrias verticais. A empresa, uma divisão de um conglomerado multibilionários, estava observando com um olhar crítico a nossa companhia e algumas outras. Eles desejavam ajudar centenas de produtores seniores a engajar-se a um nível mais alto, com uma proposição de valor mais firme, orientada financeiramente e com uma apresentação para uso nas primeiras e raras reuniões em nível sênior. A sua meta era dirigir negócios mais restritos num horizonte de tempo mais curto. A oportunidade representou uma satisfatória fatia do negócio para nós, porque fomos diligentes no cortejo do seu vice-presidente de desenvolvimento do negócio.

Ele programou várias conferências e faltou às mesmas e, como de praxe, não retornou às nossas chamadas e arrastou a sua decisão por vários meses além do combinado. Verbalmente, premiou-nos com o negócio, pediu-nos para enviar o contrato para revisão e assinatura, mas jamais retornou as nossas chamadas. Durante todo o tempo, ele se escondeu atrás da sua assistente executiva, a qual estava muito nervosa, pedindo desculpas pelo seu comportamento. Para arrematar, ele jamais assinou o nosso contrato, e tampouco outro, e nunca nos disse o porquê da razão real. Isso ficou claro pela atitude altiva e ações não profissionais com que ele nos visualizou, as nossas ofertas de serviços e as outras que ele estava considerando como peões que estavam prontas a saltar a qualquer momento quando ele dissesse "Pule". Esse tipo de tratamento dificilmente é divertido; de fato, isso pode fazer você se sentir mal-humorado e totalmente sem forças quando está na dianteira de tudo.

Quando os compradores em potencial percebem os seus provedores numa indústria como basicamente os mesmos, eles podem conduzir-se algumas vezes por esse caminho. Sem considerar o porte da companhia e a dominância de mercado, você não está imune a essa percepção e pode não controlá-la. Alguns compradores em potencial a terão ou não.

As percepções são extremamente poderosas, sem mencionar como é difícil mudar. Se a visão do possível cliente de início é "As cinco companhias mais importantes estão todas muito próximas – se uma companhia tem certos traços, as outras provavelmente o terão também", isso seria benéfico para saber o mais cedo possível no seu processo de bajulação. Por exemplo, quando uma grande firma está considerando terceirizar as suas operações de TI e quer se engajar com

SEÇÃO UM: OS OBSTÁCULOS | 23

alguns dos maiores provedores que oferecem esse tipo de serviços, ela provavelmente contatará IBM, EDS, CSC, Keane, Accenture e outras firmas *offshore*, tais como Wipro, Tata etc. Frequentemente, os executivos seniores são os únicos que tomarão a decisão, e algumas vezes verão as ofertas de todos esses provedores como comuns – cada companhia essencialmente permutável com todos os seus concorrentes. Isso é o que pode fomentar a atitude de indiferença ou arrogância. Em seguida, eles programam (através de mediação) uma seleção entre os vendedores mais importantes, porque consideram muito difícil decifrar qualquer diferença real entre as opções disponíveis.

As percepções específicas do possível cliente ou cliente podem ser um obstáculo que retardará o ritmo que você imprime ao seu negócio, Eles ligam dois elementos cruciais: as percepções atuais da indústria deles e as dos provedores do mesmo e o comportamento que eles acham que podem obter ao transacionar o negócio. Se a competição é muito feroz entre o vendedor em potencial/provedores num mercado, as organizações educadas podem tirar vantagem da situação. Se elas acreditam que uma indústria ou produto particular não é tão complexo, assim como a fonte do produto ou serviço sem muito esforço extra, cuidado, porque elas podem tentar.

Um dos meus colegas tem uma bem-sucedida fábrica de bolsas para senhoras. Um dos seus maiores fregueses é o segundo maior varejista do segmento na nação. É surpreendente para mim que ele continue a trabalhar com esse nível de pressão da central de compras e do departamento de fornecimento desse varejista. Eles lhes disseram que ele poderia ter o negócio por alguns "x" anos – mas, mais do que provável, após esse período, eles se tornariam um concorrente. Com referência ao fato, ele tem sido como um bom sócio no negócio ao ensinar-lhes os prós e os contras do seu negócio, e o varejista decidiu entrar na indústria por ele mesmo pela sua marca de bolsas para mulher. Com efeito, cada coisa que ele fez para fomentar o relacionamento de anos seria usada contra ele. O meu palpite é que, dentro de um período de tempo, ele perderá o negócio ou decidirá que não vale mais a pena pelo tempo e pela ansiedade. Você pode ver uma situação similar a esta chegando, e uma das razões-chave é a visão geral do cliente da sua indústria.

No caso do meu amigo, por ser tão prestativo com o seu cliente, ele inadvertidamente ajudou o varejista a aprender tanto sobre o seu negócio que validou as percepções do varejista sobre sua indústria e provou a sua teoria de que o mesmo não precisava dele. Finalmente, ele pode perder o seu maior cliente por ser tão prestativo e cooperativo como um vendedor-fornecedor.

Da mesma forma como os seus comentários relativos ao desejar um relacionamento estratégico de longo prazo com os seus vendedores. Não haverá tolerância em Muddsville se eles acharem que podem entrar no seu negócio tão facilmente. Compreensivelmente, em face da incerteza que pode existir no curso de um relacionamento, muitos compradores querem uma alavancagem e controle de longo prazo sobre a duração, a natureza e a qualidade dos seus relacionamentos com os vendedores-provedores. Seu conhecimento e suas crenças arraigadas e percepções sobre a sua indústria podem causar sérios "soluços" ao seu fluxo de caixa. E isso retardará o seu crescimento.

Seus esforços para superar as percepções com o foco adicionado sobre a descoberta dessa vantagem competitiva ou o mais convincente dos diferenciadores-chave tornam tudo mais crítico. O exemplo em que eu me regozijo é quando as organizações imploram aos seus executivos de vendas, marketing e desenvolvimento de negócios a focalizar sobre "o valor agregado" que eles trazem para o grupo. Contudo, as organizações com que você negocia podem e algumas vezes veem de forma direta através das performances promocionais. Pela minha experiência, quando eles derem aos vendedores-provedores o benefício da dúvida e permitirem que eles substanciem suas reivindicações do valor agregado, muitos não serão capazes de assim o fazer com qualquer nível de credibilidade. E isso reforça as percepções iniciais do possível cliente, as quais estão agora em vias de virarem cimento.

Existe uma dinâmica surpreendente que ocorre quando uma companhia torna-se cortejadora de uma outra – especialmente quando a companhia que faz a corte é uma das jogadoras mais importantes na sua indústria particular. O nível de confiança mostrado ao provedor variará de acordo com o nível do executivo na organização do possível cliente ou cliente sendo cortejado.

Desenvolvi uma ferramenta valiosa chamada Confiança Contínua, que ajuda a vaticinar como seus clientes e possíveis clientes perceberão a sua indústria, assim como suas ofertas. Você pode então antecipar como eles podem se conduzir. A Confiança Contínua descreve como indivíduos diferentes podem responder e se sentir sobre as mais importantes companhias terceirizadas numa indústria particular que esteja cortejando o seu negócio. Isso ajudará você a entender melhor, a posição vantajosa deles, como os compradores em potencial são semelhantes ao perceber e reagir aos vendedores como um exercício dos níveis específicos de poder, autoridade e títulos que eles detêm dentro de sua própria empresa.

O grande segredo é este: as influências mais significativas que os impulsionam na maneira como eles podem conduzir-se com os provedores são o título e o nível de poder e autoridade que o possível cliente ou cliente detém na empresa deles. Geralmente falando, por maior poder e autoridade que uma pessoa tenha, ela percebe da forma menos favorável os jogadores mais importantes cortejando o seu negócio. Como isso ajuda você? Você pode economizar o tempo e o esforço da sua companhia, e, acima de tudo, todos os recursos valiosos. Essa informação também ajuda você e o seu pessoal a ser mais inteligente ao adotar a sua abordagem às companhias que você almeja conquistar.

Anos antes, quando comecei minha carreira de vendas, nossos clientes frequentemente usavam a expressão "Ninguém será demitido por acompanhar a IBM". Eu me acostumei a ter isto em alta conta, sentindo que provavelmente era verdade, apesar de ser impossível prová-lo. Mas a IBM foi e continua a ser muito grande e poderosa. A premissa real atrás dessa declaração é que raramente alguém é demitido pela seleção de um provedor mais importante. Como resultado disso, as companhias empenham-se mundialmente em reconhecer uma marca nas cabeças dos clientes e possíveis clientes mais importantes a se tornarem um dos primeiros três a cinco provedores líderes na sua indústria particular.

26 | ATIVANDO RESULTADOS

Descobri que as pessoas dos níveis de gerência médio e mais baixo, e frequentemente abaixo, tendem a colocar mais reverência, confiança, respeito e acima de tudo conforto global nos três a cinco provedores mais importantes em qualquer indústria em particular. Por que? Porque, verdade seja dita, se seleciona "um provedor mais importante" que aja como uma rede de segurança ou de valores mobiliários global ao manter os seus empregos. Isso ajuda a justificar as suas decisões. Contudo, começando pelos vice-presidentes e presidentes, o reverso se torna verdadeiro. Em muitos casos, quanto mais alto o título, o nível de poder e a autoridade para gastar dinheiro, menos confiança e respeito eles têm para com os provedores mais importantes.

E o porquê disso? Porque os executivos mais importantes da área de compras entendem o conceito atrás da influência pura e como usá-lo. Isso não é um segredo para eles. Eles ficam angustiados em querer saber como os maiores provedores usarão a alavancagem dos seus músculos e a liderança no mercado para gentilmente persuadir os compradores, dirigindo o tamanho, o escopo e a duração dos negócios. E como eles sabem quem, dentro de sua própria organização, são os mais persuadidos pelos maiores provedores?

Todos os executivos de nível mais alto sabem muito bem que se engajar com um dos mais importantes provedores é alguma coisa como dançar com o diabo. Uma vez que você entra no relacionamento, poderá ser difícil desprender-se em virtude do porte e do poder absoluto do provedor. Em razão disso, os executivos seniores acreditam que um dos atributos de um relacionamento bem-sucedido com um vendedor/ cliente é a manutenção de algum elemento de controle e alavancagem sobre o provedor. Manter algum nível de comando e controle sobre um provedor mais importante em qualquer nicho da indústria – especialmente nas companhias do porte e escopo de uma IBM – pode ser complicado. Na eventualidade de que alguma coisa dê errado no relacionamento, os executivos seniores sabem quão desafiador isso pode ser para obter a atenção do vendedor para retificar o problema. Eles acreditam que, no final do dia, "Isso é tudo sobre alavancagem.

SEÇÃO UM: OS OBSTÁCULOS | 27

Ou eles necessitam de nós ou não." E em negócio é bom ser necessário, porque, se você não o for, é logo descartado.

Essa crença inveterada termina quando eles se informam sobre você para o melhor negócio, e negociam com você – tudo para ter certeza de que fazem o melhor para garantir, por meio de termos e condições do contrato, que eles cuidarão disso. E, se não, existem recursos nítidos que eles podem utilizar pra colocar suficiente alavancagem no provedor para obter as coisas resolvidas. No final do dia, tudo se resume a confiança. A Confiança Contínua descreve essa dinâmica para ajudar você a formar a sua estratégia ao abordar pessoas nas organizações do possível cliente e do cliente.

Em aditamento ao uso da Confiança Contínua, desenvolvi as seguintes questões que permitem que você vá à fonte para melhor entender esse primeiro obstáculo. Você pode descobrir as percepções dos seus clientes e possíveis clientes da sua indústria ao dirigi-los num diálogo com algumas questões cuidadosamente redigidas, tais como estas:

Q1. Quais são as suas percepções das companhias que oferecem produtos, serviços e soluções nessa indústria?

Q2. A sua percepção atual dos provedores desse setor poderia mudar? Se positivo, o que essas companhias necessitariam fazer para mudar isso?

Q3. Existe alguma coisa que essas companhias fazem nessa indústria que irrita você? O que elas necessitariam mudar pela sua percepção de mudança?

Q4. Que elementos dentro do desenvolvimento de negócio, vendas ou processo de obtenção de negócio do seu provedor atual deveriam melhorar? Como eles poderiam ser melhorados?

Q5. Quantas outras companhias do seu conhecimento poderiam fornecer um conjunto similar de produtos, serviços ou soluções a um preço comparável ao seu provedor atual? Por favor, forneça os nomes dessas organizações.

A Confiança Contínua

Quanto maior o título, menos respeito, confiança e consideração poderão ter os executivos ao negociar com um líder industrial, resultando numa maior ênfase nos termos e nas condições do contrato.

Presidente/CEO

Presidente/COO/CFO/CIO

VP Executivo/Chefes de Unidades de Negócios

Vice-Presidentes Seniores

Vice-Presidente de Grupo/Área

Vice-Presidentes

Assistentes dos Vice-Presidentes

Diretores/Gerentes Gerais de Área

Gerentes/Supervisores/Líderes de Campo

Assistentes dos Gerentes/Assistentes dos Supervisores/Líderes da Força Tarefa

Títulos abaixo do nível de vice-presidente frequentemente colocam mais respeito, confiança e consideração no cortejo dos vendedores-provedores que são líderes industriais. Eles acreditam que isso pode ajudá-los a tomar decisões mais seguras, ajudar a justificar as suas decisões e manter os seus empregos.

Q6. Existem quaisquer benefícios significativos que o seu vendedor atual provê que você acredita não poder obter de outro? Se afirmativo, quais são esses benefícios?

Lembre-se, as respostas a essas questões podem diferir baseadas no título da pessoa que fornece as suas opiniões, contudo, você pode querer respondê-las inúmeras vezes com os vários níveis de pessoas dentro da organização para ajudar a ganhar uma perspectiva mais profunda de como os níveis superiores e inferiores dos executivos das organizações-alvo veem a sua indústria.

Aqui está uma segunda versão dessas questões que você poderia perguntar às pessoas da sua organização. As respostas delas ajudarão a prover uma linha de conduta valiosa de informações específicas sobre os impedimentos internos em obter mais negócios. Coloque essas questões sobre Avaliação de Obstáculos aos seus empregados, agentes, distribuidores e empreiteiras independentes:

Q1. O que você acha da visão dos clientes e possíveis clientes sobre a nossa companhia e outros provedores da nossa indústria em geral? Por favor, seja específico.

Q2. Como você sente a visão deles sobre a nossa organização e talvez de outros na nossa indústria desse modo?

Q3. A percepção que você descreveu é mutável? Se não, por quê?

Q4. Se você estivesse comandando a nossa companhia, que elementos e/ou processos você mudaria que pudessem intensificar positivamente o modo de visão dos clientes e possíveis clientes sobre a nossa companhia?

Q5. Quais elementos, situações ou eventos estão impulsionando negativamente a visão dos nossos clientes e possíveis clientes sobre a nossa companhia?

Q6. Quais aspectos sobre a nossa companhia você está absolutamente certo de que os clientes e possíveis clientes atuais não apreciam?

30 | *ATIVANDO RESULTADOS*

Q7. O que precisaria acontecer para que essas percepções mudassem?

Se você fizer essas perguntas no ambiente certo e permanecer aberto ao parecer, esse exercício pode ajudar a pintar um quadro quanto a esse primeiro obstáculo ser é um impedimento ao crescimento do seu negócio.

Essas questões fazem parte de uma ferramenta de avaliação mais profunda que você pode encontrar (em inglês) no site www.accelerantinternational.com.

SEGUNDO OBSTÁCULO
A PERCEPÇÃO DO CLIENTE OU DO POSSÍVEL CLIENTE DA ESSÊNCIA DAS SUAS OFERTAS – OU DA SOLUÇÃO DO SEU FORNECEDOR ATUAL

*P*ENSE SOBRE ISSO. SE VOCÊ JÁ ESTIVER NUM RELACIONAMENTO com o cliente, ele terá visto você despido. Ele já negociou com você antes (e talvez simultaneamente com os seus concorrentes-chave – para manter você em xeque, naturalmente). Ele tem se encontrado com você várias vezes e agora tem algum nível de experiência com o seu pessoal e os produtos, serviços ou as soluções que ele está comprando atualmente. Ele *sabe* se você já obteve algumas percepções e expectativas iniciais contra – tanto dele como da companhia dele.

Ele já conhece você e sua companhia no que vocês têm de melhor, e talvez mesmo no que vocês têm de pior. Ele notou se você chega às reuniões menos preparado do que antes de o seu relacionamento estar em curso, e experimentou os seus produtos ou serviços num ambiente ao real. Ele pode ter-se deliciado em descobrir que o que está comprando tem-se desempenhado acima do nível de expectativa dele. De qualquer forma, ele tem até um conjunto mais profundo de evidências de primeira mão para reforçar ou reformar as percepções iniciais dele.

32 | ATIVANDO RESULTADOS

Esse obstáculo emerge da fase inicial do seu novo processo de obtenção de negócios. Agora que o cliente já comprou, implementou e experimentou os seus produtos, serviços e as soluções, ele tem uma base – uma plataforma – pela qual julgá-los. Se o desempenho inicial não estiver pelo menos ao par nos olhos dele, esse obstáculo pode se tornar um impedimento às negociações do contrato, porque ele terá muito mais alavancagem.

Como um caso referencial, veja a pressão que a indústria mundial da propaganda tem sofrido, como evidenciado pelas megafusões e aquisições gigantes por mega-agências, tais como a Omnicom, a WPP, a Interpublic, a Publicis Groupe Worldwide e a Dentsu. Um dos condutores primários da combustão deste nível de mania de fusão é – imagine só – a falta de satisfação que os clientes estão sentindo com relação aos resultados que eles estão obtendo para o dinheiro deles. Isso não é uma resposta que você obterá das agências, naturalmente. A interpretação deles é que eles estão fazendo isso para prover melhores economias do padrão para os seus clientes, permitindo que seus dólares sigam além. Estou certo de que também existe alguma verdade nisso. Mas a indústria declara que as pressões de mercado e as dinâmicas do negócio tornam cada vez mais difícil induzir e dar os tipos de respostas às campanhas que os clientes demandam.

De vez em quando, você pode ler no *Wall Street Journal* sobre grandes companhias que colocaram o seu negócio de propaganda "em revisão". Esse jargão é um anúncio que representa o mesmo que "Nós estamos questionando os resultados obtidos até agora e vamos querer saber das outras opções para estarmos certos de que estamos obtendo os melhores resultados possíveis para os dólares gastos."

Se o possível cliente está comprando um produto, serviço ou uma solução competitiva, mas ainda tem de se engajar com a sua companhia, os conjuntos de experiências dele com ofertas competitivas afetarão de forma mais definitiva o seu cortejo e processo de negociação de alguma forma ou estilo. Assim o serão as percepções que ele já criou da visão da sua competição direta e objetiva.

Para avaliar se esse segundo obstáculo está impedindo o seu crescimento, aqui estão algumas questões dirigidas pela Avaliação dos Obstáculos a ser feita aos clientes, aos possíveis clientes e ao seu próprio pessoal.

Pergunte aos seus clientes e possíveis clientes:

Q1. Na sua opinião, o que torna os nossos produtos, serviços ou nossas soluções especiais ou únicos? Eles fornecem vantagens competitivas específicas? Se positivo, quais são elas?

Q2. Com a mudança dos vendedores/provedores afetaria o seu negócio? Haveria qualquer impacto mensurável? Se positivo, favor descrever. E se houvesse pouco ou nenhum impacto, favor explicar o porquê.

Q3. Você se lembra do que fez a sua companhia escolher a nossa companhia como o seu atual provedor/fornecedor? Se positivo, quais foram os elementos, fatores ou capacidades-chave?

Q4. Como você classificaria a nossa empresa numa escala de um a dez, com um para ruim, cinco para mediana e dez para excepcional?

Aqui estão questões de avaliação-chave que você pode perguntar ao seu pessoal, agentes independentes, distribuidores e outras entidades que auxiliam você no marketing dos seus produtos e serviços. Os pareceres deles ajudarão a determinar se esse segundo obstáculo pode estar impactando negativamente o seu crescimento.

Q1. O que você acha da visão dos nossos clientes e possíveis clientes atuais sobre a essência das nossas ofertas, produtos e serviços em relação a outros provedores em potencial? Favor especificar.

Q2. Por que você acha que eles têm essa percepção?

Q3. Alguma coisa poderia afetar ou mudar essa percepção? Se positivo, o que seria?

34 | *ATIVANDO RESULTADOS*

Q4. O que você acha que tem sido o maior obstáculo ao desenvolvimento do nosso negócio e processo de aquisição relativa a como os clientes e possíveis clientes percebem os nossos produtos, serviços e essência das ofertas?

Q5. Esses elementos ou impedimentos podem ser mudados? Se positivo, como?

TERCEIRO OBSTÁCULO
A PERCEPÇÃO DA SUA EQUIPE DO SEU NEGÓCIO, SEUS PRODUTOS E SERVIÇOS

V OCÊ JÁ ESCUTOU UM DOS SEUS OBSERVADORES FAZER UM comentário depreciativo sobre os produtos ou serviços da sua companhia. Talvez isso tenha sido justamente uma "crítica severa" menor, indicando o seu descontentamento ou a falta de crença neles. Posso assegurar a você que, como alguém que negociou e treinou milhares de experimentados produtores de vendas de alto nível, gerentes de contas de clientes, executivos de marketing e gerenciamento sênior, ouvi muito isso – nas reuniões de vendas, nas convenções anuais e nos corredores durante os intervalos. Deixe-me fazer uma pergunta: Que percentagem das suas vendas, seu desenvolvimento de negócios e sua força de marketing, serviço de cliente voltado para o cliente e gerentes de relacionamento de contas atualmente acredita no valor dos seus produtos, serviços e/ou soluções prestadas aos seus clientes?

Isso é uma questão difícil de responder, não é? Você diria que é cerca de 100%? Eu aposto que não. Pode ser 95%. Menos do que 90%? Aqueles que não estão inteiramente a bordo com uma crença sólida no benefício das suas ofertas têm um impacto negativo para atingir o crescimento e as metas de receita para a companhia. Eles podem estar agindo como um câncer que cresce vagarosamente dentro da sua empresa, obstaculizando os seus esforços e as metas de receita da companhia.

36 | ATIVANDO RESULTADOS

Não estou dramatizando demais a situação. De fato, deixe-nos operar com os números para ver que tipo de impacto um desenvolvedor de negócios nas boas ocasiões pode ter no seu negócio. Pense nos produtores que chamamos de "os que ficam em cima do muro" – indivíduos que podem justa e facilmente criticar e ridicularizar as ofertas da sua companhia dizendo boas coisas acerca delas. A questão realmente seria "Como você sabe que essas pessoas estão agindo de boa fé?" Eles podem acreditar que estão tapeando os seus clientes, mas o mais provável é que os clientes estejam conseguindo conhecimento casual e passageiro sobre as crenças reais do seu pessoal sobre os produtos e serviços que eles representam.

Vamos fazer um exercício para ver que tipo de impacto financeiro essa falta de percepção positiva pode potencialmente causar na sua organização. No interesse próprio desse exemplo, vamos assumir que 10% dos desenvolvedores do seu negócio não estão convencidos sobre o valor das ofertas que eles representam. E vamos dizer que a força de vendas em âmbito nacional seja composta por centenas de indivíduos competentes. Nesse caso, isso deixa dez pessoas que não são 100% na borda e provavelmente não estejam pressionando tão diligentemente como os outros 90 produtores – dez em cima do muro.

Vamos assumir também que cada um tem uma cota de vendas anual de um milhão de dólares em negócios fechados, e que é imperativo para a companhia atingir uma centena de milhões em receitas – que, a propósito, o CEO comprometeu-se com a Wall Street ao dizer isso a dois altos analistas de perfis que cobram o desempenho das ações da sua companhia. Então a Wall Street e a comunidade do investimento estão observando.

Noventa indivíduos fecham o seu número, dando a você 90 milhões em receita. Mas você precisa de uma centena de milhões, porque isso é o que foi acordado com a Wall Street. Então, vamos ver o que os que estão em cima do muro têm produzido nas boas horas – aqueles que você escutou fazendo algumas críticas severas sobre as ofertas da sua companhia na última conferência de vendas. Não surpreendentemente, cada um deles chegou a cerca de 50% da cota, na melhor das hipóteses, com uma lista de desculpas de mais de um quilômetro do porquê eles perderam: a cota estava justamente muito alta; o preço do produto ou serviço estava fora das condições oferecidas pelo restante dos concorrentes do mercado; houve uma enorme nevasca na Costa Leste que fechou todos os aeroportos, impedindo-os de enfrentar-se cara a cara com o cliente para um acordo; ou a sua mãe ou o seu pai ficou doente e necessitava do seu tempo e sua atenção. Você escutou quaisquer dessas desculpas antes? De fato, esses indivíduos são muito convincentes acerca do porquê eles perderam o seu número, e você somente desejava que eles utilizassem o mesmo nível de energia para fechar mais negócios.

Agora você tem menos cinco milhões para o ano... 95 milhões *versus* a centena de milhões que você se comprometeu com Wall Street. Sem problemas, você pensa consigo mesmo. Isso não é assim tão ruim... você está somente 5% fora da meta. Então, a Wall Street golpeará as suas ações de acordo com os 5%, certo? Errado – totalmente errado. E que tal cinco vezes esse número? A companhia perderá milhões em valor de mercado, e você, todos os empregados que têm ações na companhia *e* os seus acionistas vão ser agora os destinatários de uma queda de 20 a 30% no valor das suas detenções.

E porque isso ocorreu, você pergunta a si mesmo, com uma expressão que parece que você poderia cuspir pregos. Bem, isso foi primariamente o resultado dos dez em cima do muro que não pensaram em nada, a não ser em fazer uns poucos sutis e degradantes comentários sobre as suas ofertas. Você talvez tenha tratado isso com pouca importância na ocasião. Mas, agora você não está rindo. Em vez disso, você se sente como se mostrasse a porta a essas pessoas. A atitude deles justamente custou a você uma grande perda de tempo. Essa situação ocorre nas companhias, mas, frequentemente, o dano já está feito, e tudo o que pode ser feito é ter certeza de que isso não vai acontecer no futuro.

Como você pode perceber, esse terceiro obstáculo pode ser perigoso para a sua companhia se você não o cortar pela raiz, e rapidamente. Então, se quiser que sua companhia esteja livre de atitudes venenosas, entenda que cada um que contribui para a receita do negócio percebe e acredita no valor dos seus produtos, serviços e soluções para os clientes.

38 | *ATIVANDO RESULTADOS*

Existe uma grande quantidade de material escrito sobre sistemas de crença e seus poderes em afetar resultados. Mas ninguém compartilha abertamente as suas crenças e percepções sobre a sua companhia e suas ofertas. Agora, adicione à mistura dessas tendências-chave ao negócio global:

- consolidação massiva

- pressão dos preços

- erosão da margem

- fraude e litígio aumentado na companhia

- uma atitude significativa de titularidade/autoridade por alguma gerência sênior

- muito menos camaradagem e lealdade entre "os fazedores" e a gerência.

Muitos desses modelos são devido à consolidação nas indústrias, e todos eles afetam múltiplos setores da indústria. Essas tendências não vão embora a curto prazo e podem se tornar mais difundidas. Como resultado disso, mais e mais empregados através do mundo – mesmo na gerência – se tornaram mais temerosos quanto à segurança do emprego. Assim, eles mantêm as suas percepções enraizadas sobre a sua companhia e as suas ofertas de produtos e serviços para eles mesmos, com receio de que um comentário malquisto retorne para persegui-los.

No final do dia, contudo, as percepções dos seus empregados podem ser um obstáculo significativo que influencia diretamente o desempenho financeiro da sua companhia. Todo simples produtor tem observações e opiniões sobre a sua companhia e os seus produtos, serviços, suas soluções e causas que podem afetar, e frequentemente afetarão, o curso da receita da sua companhia.

A perspectiva da sua linha de frente – as vendas e o desenvolvimento do negócio, marketing, serviços ao cliente e consultas voltadas para o cliente, gerentes, executivos clientes, agentes independentes e distribuidores –

SEÇÃO UM: OS OBSTÁCULOS | 39

são especialmente cruciais. Suas percepções do valor intrínseco das suas ofertas levadas para outra companhia e seus clientes afetam absolutamente muitos fatores – coisas menores, tais como a sua atitude especialmente em relação aos clientes e colegas de trabalho, seu nível de esforço e desejo de realizar. Isso afeta todos os níveis de desempenho – em como frequentemente eles usam os seus benefícios de plano de saúde, sua boa vontade de chegar a tempo etc.

Como uma medida preventiva contra um súbito declínio em seu curso de receita, pergunte à sua linha de frente algumas questões num ambiente seguro, não ameaçador. Este é frequentemente o único caminho para obter respostas imparciais das crenças profundamente detidas pelos empregados sobre a organização e suas ofertas. Esses dados valiosos podem sinalizar problemas de áreas antes que eles se tornem problemas maiores – permitindo a você tempo para lidar com eles de frente.

Sugerimos fazer as seguintes questões a cada um dos envolvidos num papel voltado para o cliente dentro da sua companhia para ver se esse terceiro obstáculo poderia estar impedindo o seu crescimento e os esforços de planejamento estratégico. Aqui estão algumas das questões de Avaliação dos Obstáculos que usamos com os clientes – os quais perguntam ao seu pessoal as seguintes questões:

Q1. Como você fixaria a taxa ou enfileiraria a nossa essência de ofertas em relação a outras ofertas diretamente competitivas?

Q2. Você acha que as nossas ofertas atuais proveem quaisquer benefícios impulsionadores que ajudam você a legitimamente diferenciar, assumir determinada atitude ou fechar oportunidades de negócios quando posicionadas contra concorrentes substanciais? Favor listá-los na ordem dos mais ou menos impulsionadores.

Q3. Na sua opinião, as suas percepções da essência das ofertas da nossa companhia são precisas? Elas têm sido validadas? Se positivo, como?

QUARTO OBSTÁCULO
O PROCESSO EDUCACIONAL PREFERIDO DO CLIENTE OU DO POSSÍVEL CLIENTE EM POTENCIAL – E OS PROCEDIMENTOS DE MEDIAÇÃO ESTRITA

S E VOCÊ DESEJAR REALIZAR NEGÓCIOS COM A SUA ORGANIZAÇÃO, aqui estão as nossas normas e procedimentos que a sua companhia precisa implantar para submeter o seu produto, serviço ou sua solução à consideração. Na realidade, essas providências foram postadas diretamente no nosso site, o qual aconselho você a visitar no www.follow-our-rules-they-are-here-for-a-reason.com.

Se você abordou uma grande companhia e teve sucesso com essa vigorosa resposta aos seus esforços de prospecção, use-a. Esse é o caminho em números crescentes de multinacionais de grande e de médio porte para continuar adquirindo atualmente mercadorias e serviços. O quarto obstáculo, enquanto ele estiver sendo sempre um problema, torna-se rapidamente um impedimento às margens de lucro de milhares de negócios no mundo.

Os empregados de companhias de grande e de médio porte sofrem imensa pressão para acompanhar as normas e matrizes das suas companhias para adquirir produtos e serviços. Um ou dois erros de conduta podem levar a uma reprimenda por um gerente, ou mesmo à perda do emprego. Isso é um nada para se mexer. Compreensivelmente, os indivíduos que você está tentando visitar considerarão essas normas e procedimentos muito seriamente. E eles não apreciarão "algum

SEÇÃO UM: OS OBSTÁCULOS | 41

pequeno empresário de negócios", vendedores ou qualquer um que tente tirar vantagem dos seus procedimentos de mediação. A coisa interessante é que aqueles de nós que fazem da profissão de vendas a sua subsistência frequentemente tentam conseguir sobreviver ou circular nessas normas e procedimentos em vista da pressão sobre nós para produzir um número. Então, estamos todos juntos nisso.

Esse obstáculo constante não se afastará da nossa existência no negócio. De fato, isso se tornará um grande impedimento ao longo do tempo, dado como as companhias estão aperfeiçoando os seus procedimentos de mediação.

Como os produtos, serviços e as soluções de certas indústrias verticais se tornam percebidas como compras de *commodity*, os adquirentes procurarão criar sempre mais e elaborar procedimentos, normas e planilhas que os potenciais pretendentes devem seguir, e continuar por como eles tentam ganhar negócios. Isso se aplica através de indústrias tão diversas como hotel/hospitalidade, tecnologia da informação, serviços de contabilidade e auditoria, equipamento de escritório, telefones celulares/PDAs/dispositivos portáteis sem fio, serviços de seguro e financeiros, assistência médica, eletrônicos de lazer caseiros e muitos outros produtos e serviços.

Considere um contrato multianual de cem milhões de dólares que uma multinacional muito conhecida não ganhou. Isso envolveu copiadoras, soluções de gerenciamento de documento e serviços de suporte para uma das maiores referências financeiras do país. Uma das razões primárias de eles não terem ganhado essa conta (de acordo com o provedor) não teve nada a ver com o valor das suas ofertas. Como um dos principais provedores, eles não obtiveram o negócio, como eles apostaram após investir 12 a 18 meses com despesas de prospecção, tempo e atenção, porque uma pessoa do departamento de mediação essencialmente os enxotou dizendo que, se eles fossem "por cima dele" e falassem com qualquer um da gerência, ele asseguraria que eles não fariam negócio.

Você acha que isso é conversa fiada? Então, pense novamente. Alguns departamentos de mediação e compras de grandes companhias estão devastando os provedores, tentando cortejar o seu negócio. Essa dinâmica faz com que os negócios se arrastem, aumenta as despesas de vendas e de marketing e reduz as margens de lucros em negócios que finalmente se concluem depois que a mediação é feita, forçando melhores preços absolutos, serviços e suporte.

Você, como vendedor-provedor, frequentemente tem de jogar com as normas estabelecidas pela mediação. De outra forma, o seu risco sendo excomungado pelas equipes de compras e mediação, que parecem ter grande prazer em representar as Normas de Polícia – uma viagem mecânica para alguns indivíduos em grandes organizações. Imagine como é similar tentar entrar na Wal-Mart, na Target ou na Best Buy. Essas companhias sabem qual é a sua visão a respeito deles. Eles sabem que você está pensando "Se entrarmos aí com um ou dois itens, podemos obter uma posição firme, e então estaremos estabelecidos".

A percepção do maior departamento de mediação é de que as suas ofertas são *commodities*, e que o processo das despesas com o cortejo é mais vigoroso, mais elaborado, mais ativo em se tratando de tempo, e o fechamento do processo pode ser a seu favor e a favor da sua companhia – e eu mencionei muito menos divertimento?

Já passei a minha honesta participação nesses exercícios contra incêndio para grandes entidades. Sem dúvida, isso pode produzir um maior aproveitamento do tempo, esforços, recursos e espírito do vendedor-provedor. E, quanto maior o peixe que você estiver tentando pescar, mais militaristas podem se tornar as normas e procedimentos de mediação. Basta dizer que esse quarto obstáculo é real e cresce de forma mais complexa a cada ano, influenciando diretamente a sua lucratividade final. Há esperança, todavia. Os Ativadores são ferramentas que podem ajudá-lo a atacar esse obstáculo de maneira multielaborada, dando a você mais alavancagem sobre a situação, permitindo a você navegar mais eficientemente em águas mais consistentes. Mantenha-se de prontidão.

QUINTO OBSTÁCULO
O PROCESSO DE TOMADA DE DECISÃO EM NÍVEL EXECUTIVO DO CLIENTE OU DO POSSÍVEL CLIENTE

E SSE QUINTO OBSTÁCULO AO CRESCIMENTO DO SEU NEGÓCIO ESTÁ acoplado ao quarto. Juntos, eles têm o poder de criar uma grande fenda que pode ocultar os provedores já trabalhando efetivamente com os seus contatos dentro da organização. Eles têm lutado a boa luta, tentando por todos os meios impulsionar a força tarefa dos aconselhadores da gerência de nível médio para o nível executivo. Mas os executivos seniores e proprietários frequentemente têm o seu próprio padrão e processo para tomar uma decisão, anunciar a tomada da mesma e avançar. Algumas vezes, os dois processos de tomada de decisão (parte mais baixa da gerência média *versus* nível da gerência executiva) estão alinhados. Algumas vezes não. É muito difícil saber ao certo.

O que quero dizer é que o processo de mediação é usualmente bem definido após a força tarefa ou comitê ter emitido o RFI ou o RFP (solicitação de informação/proposta), se reunidos e avaliados os vendedores em potencial e selecionados dois finalistas para a mediação para "atacar" e planejar os detalhes, uma vez que esses dois "finalistas" sejam apresentados à cadeia de comando da gerência executiva para a decisão final, pois é quando os vendedores-provedores aprendem que, em alguns casos, a gerência sênior pode ter ou não um processo de

44 | ATIVANDO RESULTADOS

decisão final estabelecido. E daí pode passar o problema para aqueles que estão cortejando o negócio.

Essa dança de dois ou mais níveis distintos de gerência, com dois ou mais procedimentos (definidos ou indefinidos) para a tomada de decisão, poderia ser vista como um esforço maior designado a comprimir e exaurir os pobres vendedores-provedores na medida em que eles tentam encontrar o seu caminho para a linha de chegada. E alguns jamais conseguem isso. Eles caem dentro da fenda, porque as companhias que eles estão buscando são tão perspicazes e metódicas e usam esses dois procedimentos de tomada de decisão para exatamente tornar perfeito o melhor negócio.

O quinto obstáculo confunde os desenvolvedores de negócios que têm tido as suas mentes orientadas, trabalhando diligentemente por meses com o pessoal das gerências média e baixa. Eles gastaram tempo ganhando a confiança dos possíveis clientes, estabelecendo conexão, apresentando as suas mercadorias, explicando como eles podem solucionar ou dirigir uma necessidade de negócio específica e comparando os indicadores de desempenho das suas ofertas com os atuais pilotos de teste beta, permitindo ao cliente "testar" as suas soluções num ambiente ao vivo quando apropriado. Eles também têm trabalhado com a equipe (incumbidos pelo gerenciamento sênior para encontrar, analisar, comparar indicadores e recomendar dois finalistas) para criar a circunstância do negócio que justifique a despesa e o retorno esperado sobre o investimento (ROI). E então – cada coisa dá uma parada.

É similar a trazer um cavalo para a margem da água e jamais deixá-lo bebê-la. Esse processo inteiro deixa os gerentes e Vice-Presidentes da sua companhia absolutamente loucos, porque durante meses eles têm visto os registros dos detalhes das convocações documentando os resultados e as providências das ações acordadas em todas as reuniões.

Quando a gerência de nível médio da companhia que você está cortejando finalmente decide, "É hora de levar isto à gerência sênior", o relógio começa a marcar. A gerência dentro da sua organização agora tem o palpite de que o processo parece estar caminhando, e isso como se alguém arrancasse um sincronizador de bomba, e cada um permanecesse em volta dele, querendo saber fervorosamente se as coisas começarão a se arrastar. E eles as arrastam como podem – o grande momento – nesse ponto. Isso porque os dois processos de decisão não estão alinhados em muitos casos – seja por acidente ou por desígnio, você jamais saberá. O que você saberá é que os processos de decisão reduzirão a velocidade do seu crescimento. Você sentirá isso.

Como um exemplo de quão diferentes e disfuncionais podem ser os processos de tomada de decisão dos níveis de gerência média e executiva, e quão custosos eles podem ser para a sua companhia, considere o que acontece comumente quando uma grande empresa emite uma RFP. Uma solicitação formal para a proposta de um produto, serviço ou solução particular parece indicar que eles estão interessados em alguma compra num futuro não tão distante. Note que eu disse "parece". Esse não é sempre o caso em que a companhia compra qualquer coisa após colocar os vendedores a dançar por meses na cabeça de um alfinete. A resposta dos provedores primários é considerar seriamente a RFP. De fato, frequentemente há um murmurinho, como se os jogadores das altas camadas começassem a enxamear a companhia que emitiu uma RFP de porte significativo.

Como recebedores da minha participação nas RFPs de grandes companhias, eles são usualmente muito detalhistas. As normas de engajamento são mormalmente enunciadas, ditando o que os provedores podem fazer ou não, com quem eles podem falar, a data do vencimento da proposta, a quem ela deve ser enviada e quando (aproximadamente) uma decisão será tomada. Mas, frequentemente, eles não respondem todas as questões que os vendedores têm, o que faz com que os vendedores contatem a força tarefa líder para conseguir esclarecimento adicional.

Apesar de tudo isso estar muito certo, para essa forma de "compra" o mercado cria muita paranoia entre os provedores. Eles geralmente sabem ou calculam que os outros provedores receberam a mesma RFP. Frequentemente, isso desencadeia pequenas e sutis tentativas que chamarei de "chamadas de amizade" da gerência sênior de cada vendedor que recebeu a RFP. Essas chamadas são tipicamente feitas pelos níveis de VP dentro dos níveis do vendedor para a VP ou mais altos dentro da companhia que emitiu a RFP. E imagine o quê? Algumas vezes você se sente obstruído porque eles não falarão. Eles dirão alguma coisa como: "Ei, eu agradeço a sua ligação, mas, para ser franco com você, a força tarefa está encarregada disso. Eles estão examinando a RFP. Portanto, o meu conselho é que você os contate."

Esse beco sem saída torna os provedores loucos, porque eles geralmente têm algumas perguntas, mas também veem *o furo* – o ângulo interno, o qual a companhia está *realmente* buscando. Por qualquer que seja a razão, baseado no comportamento do cortejo dos vendedores, parece que ninguém confia ou deseja trabalhar com a força tarefa, mesmo que eles saibam que devem fazê-lo. Isso ocorre porque os provedores tentarão falar com algum nível executivo de compras, ou apadrinhamento, mesmo que eles saibam que estão pisando em solo perigoso.

Assim eles golpeiam as suas mãos de vez em quando e eventualmente calculam que liquidariam rapidamente ou riscariam de serem desqualificados do processo de concorrência. Então, aqui vamos nós: meses e meses de trabalho respondendo, indo a reuniões, solicitando mais esclarecimentos, respondendo novamente etc. etc. E quando a decisão sai, ela é contra você, isso não é incomum para a sua companhia tentar dinamitar a porta de um nível executivo para salvar o negócio. Frequentemente, nesse cenário, os executivos seniores não se engajarão (mesmo quando for o seu CEO que requeira formalmente a chamada), mas, no lugar disso, frequentemente, se esconderão atrás da força tarefa deles.

Eu passei por essa experiência porque fiz exatamente aquilo que aprendemos quando sabemos que não vamos ser premiados com o negócio. Achei isso extraordinariamente frustrante com o que pareceu haver um esforço bem coordenado entre a parte mais baixa da organização e a gerência sênior, e que isso, verdadeiramente, nos destruiria. Talvez esse fosse o plano. E funcionou.

Esteja certo dessa fenda. Ela é sutil, mas profunda, e quando você cai nela, a recuperação é difícil. Porque esse obstáculo pode impedir a sua habilidade de fechar o negócio. Essa foi uma outra área de trabalho que me fez desenvolver os Ativadores, os quais projetei para superar a concorrência ou, pelo menos, minimizar esse obstáculo pela reorientação da maneira pela qual você se engaja inicialmente com os clientes e possíveis clientes. Quando você aprende como fazer isso, essa brecha passa a ser menos um obstáculo nos esforços de desenvolvimento de negócios da sua companhia.

SEXTO OBSTÁCULO

A ARTICULAÇÃO DA SUA ORGANIZAÇÃO DE MARKETING DAS PROPOSTAS DE MENSAGEM E VALOR PARA SUAS PRINCIPAIS OFERTAS E AOS INCONSISTÊNCIA COM A QUAL ELAS SÃO COMUNICADAS AOS CLIENTES E AOS CLIENTES EM POTENCIAL

E SSE É UM ENORME OBSTÁCULO QUE COLOCA UMA GRANDE QUANTIDADE de pressão sobre a habilidade de fechar negócios – e isso é crucial nas organizações de *todos* os tamanhos.

Se você fizer uma autoanálise dentro da sua companhia, pode encontrar esses fatores por modo direto dentro do seu controle – os quais são tão despercebidos ou não estão em atividade que estão impedindo o crescimento da sua companhia. São as suas proposições de valor atuais, cheias de nebulosas, com palavras belamente trabalhadas que articulam os benefícios das suas ofertas sem "granular" o impacto financeiro ou os resultados que elas poderiam trazer para os clientes? E você sabe que os seus vendedores estão usando mensagens que podem não ter nada em comum com aquelas trabalhadas pelo marketing? Esses problemas *estão* sob seu controle e agora são raramente tratados de maneira coesa dentro das companhias. Isto porque este obstáculo

SEÇÃO UM: OS OBSTÁCULOS | 49

pode impedir a obtenção de mais receita para dentro da companhia!

Por quaisquer razões que sejam, nas empresas grandes e pequenas os campos de marketing e vendas raramente trabalham juntos. O pessoal de marketing é incumbido de descrever e articular a mensagem, os negócios líquidos e as proposições de valor das ofertas. Eles então as cedem para vendas e o desenvolvimento do negócio, os quais algumas vezes as revisarão e dirão coisas como *"Certamente, eles justamente não obtêm isso, obtêm? O que esperam que eu faça com isso? Eu não acho que eu vá usar esse material."*

Após trabalhar com as organizações da *Fortune 1000* por mais de dez anos, posso contar a você que, geralmente, nas maiores companhias, quanto maior for a brecha de desconexão entre as organizações de vendas e marketing, maior será esse obstáculo. Existe uma aparência não pronunciada que algumas organizações de marketing assumem, parecendo escudadas e fora de toque com a batalha sendo lutada na rua pela sua organização de vendas. Essa vibração se irradia de alguns grandes departamentos de marketing para os seus vendedores, e frequentemente eles a sentem como uma falta de respeito. Se você estiver ciente dessa "atitude" dentro da sua própria empresa, pode ser capaz de minimizar os danos desse obstáculo sobre as suas receitas de primeira linha.

O tópico da compensação também adiciona combustível a esse obstáculo, tornando-o mesmo mais consistente para refrear. Você vê, na maioria dos casos, que o pessoal de marketing recebe um salário certo, que ajuda a isolá-los, tornando-os imunes "soluços", montanhas e vales de um típico ciclo de vendas. Suas receitas são constantes – sem interrupções, nem bloqueios, nem estiagens. Isto pode ajudar a criar um sentimento e uma mentalidade no departamento de marketing de que os seus empregos estão seguros e protegidos – uma atitude de "casa de vidro". Também acho que, em alguns casos, o pessoal assalariado de marketing se ressente dos altos salários que o pessoal bem-sucedido de vendas é capaz de receber. Ele pode também invejar as viagens, as contas de despesas e o fato de que esses produtores não estão atados às suas mesas.

50 | *ATIVANDO RESULTADOS*

Como você provavelmente adivinhou agora, os vendedores têm as suas próprias percepções do valor que o departamento de marketing joga na vida da companhia. Frequentemente, eles sentem que o pessoal do departamento de marketing é altamente sobre-estimado. Essas atitudes negativas entre os campos de vendas e o de marketing podem ocasionar exatamente isso – campos separados. Formam e alimentam silos nessa visão de autoperpetuação sobre o patrimônio de cada um (ou a falta do mesmo) na organização. Esse obstáculo em espiral segue despercebido dentro de muitas companhias, até que os números sejam consecutivamente perdidos por uma grande margem. Mas, então, será muito tarde. O CEO, o SVP de marketing e o SVP de vendas já deverão estar demitidos.

Se existem duas organizações que tenham seguido melhor ao longo de cada uma, são estas. Elas devem desenvolver uma apreciação mais profunda de como cada departamento faz o trabalho melhor e de forma mais fácil que o outro, com o espírito de mover a companhia para frente. A alternativa não é um quadro agradável.

Se você faz parte de uma entidade menor que não tem um departamento de marketing ou de vendas, e você é o único encarregado do desenvolvimento das mensagens, esse obstáculo ainda se aplica, porque alguém dentro da sua companhia eventualmente aprovará ou tomará a decisão de como você tem articulado as ofertas internas.

A questão agora passa a ser a seguinte: Que erro é esse em que dois campos raramente trabalham juntos? Não sei, mas afirmo que a culpa jamais beneficia alguém. Contudo, considerando que os executivos de vendas e desenvolvimento de negócios estão na rua, acompanhados dos clientes e possíveis clientes, eles – quando perguntados – podem irradiar luz valiosa sobre as proposições de valor e ajudar a formar, pelo que eles estão ouvindo nas ruas, mensagens que poderão ser mais evidentes e dignas de confiança nas entrevistas de compra.

Sim, é mais desafiador – especialmente em companhias de grande e médio portes – retirar juntos alguns executivos e gerentes clientes do campo com o pessoal de marketing, mas os benefícios compensam o esforço. Se a sua meta é minimizar o sexto obstáculo dentro da sua operação, então, tente essa ideia na dimensão do seu negócio.

Importe algumas das pessoas-chave da sua organização de marketing e vendas (o segundo Ativador da página 100 fornece uma lista das pessoas que sugerimos considerar), force-os a trabalharem juntos e observe como o valor das suas proposições adquire nova vida e influência.

Lembre-se: os clientes também apreciam ajudar nessa área porque os faz sentir importantes e especiais. Eles podem fornecer suporte valioso, dando a você indícios de como fazê-los mais interessados e atraídos por suas mensagens. Considere o envolvimento de uns poucos deles. E se você tem uma pequena empresa que pode juntar pessoas com menos esforço, não há desculpas para negligenciar esse importante exercício.

Deixe-me compartilhar um exemplo de sinergia e restabelecimento que pode acontecer quando uma companhia une o pessoal de marketing sênior com o das vendas sênior, gerentes de contas de clientes e regionais e alguns produtores mais importantes das ruas. Muitos anos atrás, uma grande multinacional nos contratou para avaliar as proposições de valor (as quais já tinham sido criadas pelo departamento de marketing) e especificar sobre uma oferta a ser lançada nos Estados Unidos. Eles queriam determinar se as proposições poderiam ser melhoradas ou sumarizadas para serem mais efetivas quanto possível aos vendedores no campo.

O vice-presidente de vendas para a divisão foi o anfitrião da reunião. O VP de marketing e umas poucas pessoas do seu departamento chegaram prontos para discutir (e defender) as proposições de valor que já tinham fechado, em sua opinião. O pessoal de vendas ainda não as tinha visto. A oficina começou com o entendimento de que nós todos estávamos lá para avaliar o que já tinha sido feito e para determinar se eles "jogariam" no campo.

Se você tivesse mesmo facilitado um grupo de alto nível, pensadores avançados que são totalmente francos em suas opiniões relativas ao que vigorará – e não vigorará –, então você entenderia que, dentro de uma hora, o espírito de "vamos jogar bonito"

52 | *ATIVANDO RESULTADOS*

rapidamente se desintegrou. Eu me descobri representando o gerente de tráfego, designando quem poderia falar e quando. Cada um do lado de vendas da casa tinha uma opinião acerca do que já tinha sido elaborado. Alguns comentários tiveram o seu mérito, e outros foram claramente hostis.

Se você já passou por uma situação em que deu o melhor do seu nível num projeto e então o submeteu a outros para a revisão, então você compreendeu como o executivo de marketing e os seus camaradas se sentiram – atacados, subapreciados e defensivos. Eles começaram a pensar (eu pude justamente ver isso) que os vendedores simplesmente não caíram na real. Ponto final. A equipe de vendas pensou do mesmo modo sobre o pessoal de marketing. Nenhuma equipe estava escutando a outra.

Então, os vendedores começaram a explicar e a ensinar o pessoal de marketing por que as proposições de valor correntes não conseguiram as entrevistas que eles estavam desesperadamente tentando agendar – e por que, se as adoções e os ajustes sugeridos para o programa fossem feitos, as proposições de valor poderiam mesmo trabalhar melhor. Nós os ajudamos a articular por que a versão atual recaiu sobre ouvidos surdos, criou urgência zero com os compradores e causou prejuízo a cada um na organização devido à falta de vendas.

Quando o departamento de marketing viu a conexão aos seus cheques de pagamento, eles se tornaram menos defensivos, e a porta se, abriu para uma equipe de trabalho construtiva acerca do que necessitaria ser adotado e porquê. O que resultou dessa sessão do cliente foi um entendimento mais profundo sobre como a organização de vendas estava finalmente contra, e por que eles necessitavam da ajuda do marketing para colocar mais dentes em várias proposições e mensagens de valor. Falarei mais sobre esse processo no quarto princípio Ativador, METRIFIQUE A MENSAGEM.

No final da reunião, cada pessoa sentiu que tinha contribuído para melhorar o estado atual das mensagens da companhia, compreendeu por que a renovação era necessária e por que as mensagens provavelmente trabalhariam muito melhor em campo. Um sentido geral de orgulho e cumprimento era percebido na face de cada um.

E imagine que, quando essas mensagens revisadas foram lançadas, elas deram certo. O fundamento é que as mensagens e proposições de valor de muitas organizações não dizem nada, de acordo com os clientes e possíveis clientes. As mensagens não têm dentes – números, variações ou porcentagens – margem alta, margem baixa – para dar suporte às suas reivindicações. Em face dessa séria lacuna nas mensagens da maioria das organizações e porque há tipicamente pouca consistência em como elas são comunicadas aos clientes e possíveis clientes entre acessórios de marketing, brochuras, papéis brancos, informação pelo site, e no que a organização de vendas encontra-se fora da comunicação, esse obstáculo é perigoso para a sua linha de receita. Se não detectados e isolado, ele pode infectar a sua companhia, diminuir a marcha de cada coisa, e você não saberá que diabo está acontecendo.

SÉTIMO OBSTÁCULO
O SEU NÍVEL DE ENTRADA E ENGAJAMENTO NAS ORGANIZAÇÕES DO CLIENTE E DO POSSÍVEL CLIENTE

QUEM DECIDE OS NÍVEIS ADEQUADOS OU CORRETOS DOS INDIVÍDUOS para recorrer ao abordar um possível cliente? É o possível cliente? Ou o fará você, a pessoa tentando vender alguma coisa, as normas de fundo (especialmente, desde que você possa estar no sopé das despesas de vendas dos desenvolvedores do negócio)? E como as normas mudarão quando você estiver apelando a um cliente atual? Quem determina os níveis próprios da pessoa a contatar nesse cenário?

Após o treinamento de executivos seniores e desenvolvedores de vendas e negócios das organizações da *Fortune 1000* por mais de dez anos, o que vejo mais frequentemente é que a maioria das companhias deixa isso a cargo dos vendedores para determinar a quem apelar. Sua atitude é *"Isso é porque nós pagamos a vocês, para assim o fazer, então calculem isso — e se vocês perderem os seus números, nós trataremos disso nesse ponto."* A gerência sênior realmente jamais se viu envolvida em analisar os níveis das pessoas às quais recorrem os seus vendedores, desenvolvimento de negócios e marketing. Eles não têm relativamente interferido nessa área, não desejando microgerenciar os seus vendedores. Deixe-me explicar, por que você poderá querer ser um pouco mais sem interferência nessa área específica se desejar desmoronar os seus ciclos de fechamento ou minimizar ou eliminar esse obstáculo na sua companhia.

O sétimo obstáculo é uma área altamente debatida envolvendo crenças e opiniões fortemente mantidas por muitas partes sobre como as organizações trabalhariam – o que não é o mesmo de como elas atualmente fazem o trabalho. Não há jamais somente uma resposta sobre essa questão da pessoa mais apropriada a apelar inicialmente – ou quem forem os tomadores de decisões. A resposta real é que isso depende. De quem a sua meta depende sobre os produtos, serviços e soluções que você representa no mercado, junto com o que você acredita seja o caminho apropriado para abordar um possível cliente ou cliente. As pessoas têm crenças arraigadas nessa área, que diretamente influenciam pequenas coisas tais como a extensão das suas vendas e o ciclo de fechamento, o custo do esforço de venda e a margem que você pode dirigir. Direi isso novamente, porque é muito importante: o nível das pessoas que você está planejando ter como meta tem uma direta correlação com a extensão das suas vendas e o ciclo de fechamento e a velocidade pela qual você pode conduzir o seu negócio. Isso influencia diretamente o seu tempo em um negócio.

Na década passada, os executivos seniores clientes das companhias da *Fortune 1000* se queixavam amargamente comigo sobre os níveis de relacionamentos dos seus clientes e possíveis clientes. Basicamente, eles discursam retoricamente que não têm cotação alta o suficiente dentro das oportunidades do possível cliente – e mesmo com os clientes atuais.

Durante os agitados anos 1990, obter uma entrevista com a pessoa certa não era realmente um problema, porque as coisas estavam indo bem e o dinheiro estava fluindo. Hoje, as coisas são muito diferentes. As pessoas bem-sucedidas imaginam isso e estão mudando as suas estratégias de abordagem de acordo. Mas o lamento infeliz que continuo a ouvir da maioria dos executivos seniores é *"Por que o nosso pessoal está levando tanto tempo para fechar uma oportunidade hoje em dia? Alguém pode me contar, por favor? Não parece que eles não tenham nos conhecido antes. E por que os nossos ciclos de fechamento estão se alongando?"*

Eu tenho uma resposta e uma opinião. Isso é porque os desenvolvedores e empresários de negócios estão entrando pelo nível

56 | ATIVANDO RESULTADOS

mais baixo da organização, desde o início. Mesmo quando têm a *escolha* de passar para qualquer nível, eles tipicamente penetram no nível mais baixo da organização.

Por exemplo, muitos clientes de tecnologia estabeleceram na mente que, por não estarem vendendo várias soluções tecnológicas, o lugar mais apropriado para celebrar contrato com um cliente em potencial é em algum lugar dentro do departamento de informática, para então encontrar um padrinho ou líder interessado o bastante na solução para conduzir o processo de vista se houver bastante interesse em fazer alguma coisa acontecer. E mesmo quando eles conseguem entrar no topo da organização da TI, através do chefe executivo da informação/ executivo da tecnologia (CIO/CTO), esse não é o lugar onde eles frequentemente aterrissam. Em vez disso, eles acabam na área de nível médio dentro da TI, local de onde eles começam os seus esforços de venda. Daqui, haverá tipicamente uma série de reuniões (em um nível relativamente baixo dentro da organização da TI) antes que eles saibam se há qualquer possibilidade real de fazer qualquer negócio.

Contudo, os clientes têm uma outra escolha, que é criar e adaptar as suas proposições de valor numa forma que comuniquem os resultados financeiros às suas soluções dirigidas para os clientes e então entrar na organização financeira no lugar da organização de TI. Fizemos um trabalho similar a esse com alguns dos nossos clientes de tecnologia, dirigindo os dentes para dentro das suas proposições de valor para serem atraentes, e impulsionando-as para os executivos financeiros dentro das suas empresas planejadas como metas, obtendo deles um trunfo mais alto e mais rápido em muitos casos, a fim de que eles tivessem o tipo de conversação que gostariam de ter com os possíveis clientes.

Grande parte do raciocínio para essas decisões de entrar em um nível mais baixo está embaralhada em três problemas: a crença dos indivíduos sobre de onde eles deveriam começar, seu nível de confiança pessoal e sua crença nas ofertas das suas companhias.

Acredite ou não, os vendedores e os gerentes de contas algumas vezes têm curiosidade em descobrir se os seus produtos e serviços atualmente

SEÇÃO UM: OS OBSTÁCULOS | 57

produzem benefícios positivos líquidos para os clientes. Você pode ver como esse obstáculo está conectado com outros, especialmente o terceiro obstáculo? Suas percepções de equipe e a confiança geral nas suas próprias soluções (o terceiro obstáculo) influenciam diretamente, onde e em que níveis dentro do cliente em perspectiva elas planejarão como meta para celebrar contratos. Isso influencia a velocidade com que você pode fazer negócios adicionais e em que margem. Esses dois obstáculos estão anexados ao saber atual.

Esse sétimo obstáculo está totalmente incluído numa associação por si mesma. Também é muito difícil detectá-lo, porque seus vendedores jamais admitem que possam necessitar de alguma ajuda conectando--se com os tomadores de decisão chave, num nível um pouco mais alto nas companhias que eles estão planejando como meta, quando a premissa é que eles supõem saber como fazer isso. Para fazer isso é que são pagos, certo? O fato é que muitos vendedores estão tendo problemas aumentando o seu nível de conversação com o pessoal de nível sênior. Deixe-me ilustrar como esse obstáculo se planta na sua cabeça – e como ele causa uma séria aflição ao estimar receitas trimestrais para a sua companhia, seus acionistas e para a Wall Street se você for uma companhia pública. Até lá, você experimenta o negócio resultante e o impacto negativo, sendo geralmente muito tarde para fazer qualquer outra coisa que aprender como usar o quinto Ativador, ACESSE O CASTELO, a fim de que você não seja continuamente apanhado desprevenido quando chegar a ocasião de estimar as suas receitas.

Se você for um executivo ou proprietário de um negócio, reconsidere a volta aos últimos seis meses nas ocasiões em que você fez a revisão do seu "duto" ou contabilidade com cada um dos seus vendedores. Esse é o processo cuidadoso para metodicamente rever as oportunidades e fazer com que os seus vendedores expliquem o estado de cada negócio da melhor forma que eles possam. Em particular, assegure-se de ouvir em detalhes sobre aquelas oportunidades em que de 80% a 90% o trabalho esteja terminado, de acordo com os seus vendedores – estando os negócios tão bons quanto ouro, com uma oportunidade de fechamento dentro dos próximos 60 a 90 dias.

58 | ATIVANDO RESULTADOS

Após terminar a revisão do duto/contabilidade, preste bastante atenção aos andamentos dos negócios que lhe foram ditos que estavam "80% a 90% com o trabalho terminado", porque você está contando com eles para fazer o fechamento. Na verdade, você pode já ter dito ao banco ou aos seus investidores que eles estavam vindo. Trinta dias depois, você recebe um *e-mail* urgente do seu vendedor da Costa Oeste, dizendo que ele não sabe o que aconteceu, mas ocorreu a perda "daquele grande negócio" que estava basicamente "terminado". Você detona um *e-mail* de volta dizendo que fará qualquer coisa que puder para ajudar a salvar o negócio depois de ter sido informado imediatamente sobre as particularidades.

Você encarrega o seu vendedor a enviar *e-mail* para você imediatamente, com a informação sobre o contato no mais alto nível com que ele esteve trabalhando durante os últimos seis a nove meses, a fim de que você possa fazer contato – a partir de um nível de gerenciamento sênior. O *e-mail* chega. O mais alto nível de contato é o diretor da gerência de relacionamento com o cliente (CRM) dentro da companhia multinacional. Seu coração afunda, porque você sabe que sua habilidade em efetuar qualquer mudança nesse ponto com esse nível de pessoa está próxima do zero.

Dispense o negócio. As probabilidades estão contra o seu envolvimento com esse contato para salvar a oportunidade. Como você poderia influenciar o negócio quando a sua companhia ainda está num nível tão baixo na organização? E, além disso, se você vai detonando para o topo agora, isto é tarde no jogo, e imagine quem parece ser um pobre perdedor?

Com 20/20 de percepção tardia do que poderia ter sido feito, você finalmente compreende por que estava um tanto impaciente após olhar cuidadosamente as revisões do duto dos seus vendedores. Os seus instintos estavam lhe dizendo que poderia haver um problema, mas você não poderia colocar o seu dedo nele. Agora você sabe qual era o problema. O seu nível de entrada na companhia do cliente e do possível cliente está muito baixo. Você pode imaginar a inflexível queda em espiral se isso continuar a ocorrer. Isso afetará negativamente a exatidão da sua previsão, o seu fluxo de caixa e o nível das suas linhas de crédito com o banco para cobrir os negócios que você pensava que estavam fechados, mas que não estão entrando.

Há uma abundância de ferramentas aqui para selecionar e calcular. A Avaliação dos Obstáculos ajuda a ver como você e o seu pessoal se sentem nessa área de vendas. No final do primeiro obstáculo até o terceiro, forneci uma amostragem das questões que usamos com os clientes. A avaliação completa se dirige a todos os 12 obstáculos. Os produtores, seus gerentes e a gerência sênior frequentemente discordam acerca da pessoa adequada a se engajar com o primeiro, porque não há uma resposta certa. Então, é melhor colocar as diferenças de opinião na mesa a fim de analisar as visões de cada um, as quais ajudarão a conduzir você para algumas respostas que minimizarão esse obstáculo na sua companhia. Os nossos clientes usam a ferramenta de avaliação para mensurar o nível do negócio em volta de cada um dos obstáculos, o qual os ajudará a descobrir soluções em potencial que trabalharão dentro da sua cultura e na quebra do desmoronamento dos seus ciclos de fechamento. Para mais informações, você pode visitar www. accelerantinternational.com e clicar em "Constraints Assessment" (Avaliação dos Obstáculos).

OITAVO OBSTÁCULO
A INABILIDADE DE ARTICULAR AS SUAS PROPOSIÇÕES DE VALOR AOS TOMADORES DE DECISÃO REAIS

SE VOCÊ ACREDITA QUE A MAIORIA DAS FORÇAS DE VENDAS DE CAMPO (mesmo parte de uma) gasta a melhor parte do seu dia visitando e trabalhando com os *tomadores de decisão*, sugiro que você tome duas aspirinas e deite no sofá mais próximo antes de ler esta seção, porque, provavelmente, esse não será o caso. Alguns compradores se apresentam, eles mesmos, como os "tomadores de decisão", quando são nada mais do que consultores, sem controle direto sobre a compra das suas ofertas. Esse obstáculo está fortemente conectado com o sétimo (O seu Nível de Entrada e Engajamento). Contudo, nessas situações, quando você "entra" num cliente de alto nível, os clientes frequentemente *espalham isso* se retirando para território "seguro", significando que eles revertem em olhar cuidadosamente a sua apresentação de PowerPoint, a qual não faz nada no sentido de responder às questões-chave que os reais tomadores de decisão têm. As mensagens que ajudam os tomadores de decisão a cortar "líquido-líquido financeiro" que as suas ofertas podem prover. Portanto, mesmo que o vendedor esteja de frente para uma entrevista certa, ele falha em articular as entranhas reais, os resultados que a essência das suas ofertas poderiam trazer. Daqui, os tomadores de decisão tornam-se frustrados, e a espiral para baixo continua.

Um dos megacaprichos dos anos 1980, liderado pela maioria das empresas de gerenciamento consultivo e de gerenciamento de mudança, foi o Gerenciamento de Qualidade Total (TQM). Integrante do conceito de TQM era o conceito de empurrar para baixo a autoridade e as capacidades de tomada de decisão nas mãos da organização para fomentar uma entidade mais forte, eficiente e coesa. Dirigir as decisões mais básicas (e a autoridade do orçamento para essas decisões) para baixo, dentro da organização, diminuiria o gargalo no topo enquanto aumentaria os sentimentos dos empregados de pertença, propriedade, orgulho e compromisso para com a empresa – esse era o pensamento, pelo menos, e funcionou por certo tempo.

Contudo, isso *não* é como muitas organizações operam hoje! Uma sucessão de eventos globais tem renovado o modo como as pessoas e companhias fazem negócios. Esses incluem a bolha.com e falência, vários desastres naturais, o aumento massivo e repentino no mercado de ações e a subsequente quebra e os ataques terroristas em 11 de setembro de 2001 e a implosão de milhares de negócios entre 2000 e 2004. Varrer reduções e controles de custo rapidamente tornou-se a ordem do dia. A escala da fraude corporativa e o correspondente litígio resultante de alguns desses eventos foram também adicionados à mistura. Como resultado, esse caso de amor com a outorga de poderes às pessoas deu a impressão de que tudo o mais tinha desaparecido.

Dentro de milhares de grandes e pequenas companhias, uma mudança de poder tem ocorrido, despojando a autoridade da tomada de decisão e a habilidade de gastar dinheiro dos gerentes mais baixos e de nível médio, consolidando isso com uns relativamente poucos no topo. Os maiores produtores, contudo, não estão *jogando* no topo das companhias, eles estão trabalhando com elas. Eles estão em algum lugar no meio, na melhor das hipóteses.

Como você pode esperar reduzir os seus ciclos de fechamento e fechar negócios mais rapidamente se você e o seu pessoal estão trabalhando primariamente com consultores? Poucas pessoas contarão a você que eles não têm poder para tomar uma decisão, o que é uma parte do problema. Você investe tempo trabalhando com eles, que dizem que têm a capacidade para fazer a convocação – descobrindo somente tardiamente (após gastar muitos milhares em despesas de cortejo) que eles têm somente capacidade para consultar.

Muitas organizações têm expressado a sua frustração com esse problema real em seus próprios planos de afastamento da gerência, conferências de vendas e similares. Isso tem se tornado tão extremo em algumas organizações que parece difícil obter uma caixa de Kleenex acordada. Estou me tornando um sarcástico insignificante; mas você chegou ao ponto.

Em face do impacto desse obstáculo sobre a sua habilidade de atrair mais receita, estabelecerei a questão novamente. A inabilidade para articular as suas proposições de valor para os tomadores de decisão reais. Agora me acompanhe enquanto eu traço um paralelo. Frequentemente, os vendedores não gostam da mensagem/ proposições de valor produzidas pelo departamento de marketing (o sexto obstáculo) porque elas não estão impulsionando o suficiente. A força de vendas pode mesmo não acreditar nas reivindicações da sua companhia. Acople a isso que eles estão em um nível muito baixo nas organizações que estão cortejando – manejando rudemente pessoas que não têm o poder na tomada de decisões há muito tempo, porque a autoridade foi dirigida de volta ao topo – e você tem uma desordem real e cara. É um grande problema para as companhias, que diretamente influencia os seus custos relativos à obtenção de negócios. Como a sua companhia se resolve nessa área?

Aqui estão algumas observações da habilidade desse obstáculo em suprimir o crescimento da sua linha principal. Eles vêm desde muitos anos de trabalho com as vendas e marketing, desenvolvimentos de negócios, equipes das contas de clientes e executivos de crescimento estratégico dentro das organizações de médio porte da *Fortune 1000*:

Medo de Rejeição: As máquinas de vendas, o desenvolvimento de negócios e marketing de muitas organizações têm sido embalados para dormir. Eles ficaram com medo de serem reconhecidos como muito agressivos, muito empolgados e muito confiantes acerca de como os seus produtos ou serviços podem proporcionar maior valor para o cliente.

É triste, mas não é um emprego primário do desenvolvedor de negócios trazer maiores oportunidades para o seu caminho? Se você está indo aprender como obter em face dos mais qualificados tomadores de decisão, mais rápido e mais frequentemente do que você está fazendo agora (quinto princípio Ativador, Acesse o Castelo), por que não levar vantagem com a oportunidade de atravessar como confiantes, decisivas e articuladas e sobre quanto as suas ofertas beneficiarão o cliente? Esses compradores *desejam* que você conte a eles – estão pedindo por isso, porque é muito difícil para eles determinar qual opção é melhor que a outra.

Em vez disso, muitos vendedores reproduzem uma expressão que leva a pensar que eles tenham tido uma refeição ruim, não estejam se sentido bem e estejam a ponto de explodir. Você conhece a expressão: a preocupação do expressão do filhote de cachorro. Para ilustrar esse pasmo sutil que tem advindo às organizações de vendas nos últimos dez anos, aqui vai uma história rápida.

Eu estava treinando uma organização de vendas nacional (centenas de produtores) de um provedor multinacional de serviços de processamento de folha de pagamento e outras ofertas correlatas. Como discutimos ideias sobre como adicionar maior poder e DENTES às suas proposições de valor atuais, eles responderam, "Nós não podemos dizer isso".

"Por quê?" Eu perguntei. "Vocês têm fornecido resultados de ponta aos clientes por mais de 20 anos". E eles responderam, "Bem, sim, nós temos. Eu imagino, eu acho que nós temos. Eu estou certo de que temos, mas, para ser franco, realmente perguntaríamos aos nossos clientes, por que não rastreamos os resultados tão de perto. E, muitas vezes, os clientes não nos contariam o que eles estão conseguindo atualmente."

Você pode sentir a falta de energia e o acompanhamento da falta de vendas? O meu conselho para aqueles que desejam ser mais articulados em frente a pessoas que podem atualmente dizer sim : "É melhor começar a rastrear a provisão dos seus produtos e serviços se você espera ser articulado com os tomadores de decisão. Ninguém mais fará isso para você, com certeza."

Receio de Estar Errado: Aqui está uma questão para você: Se os analistas dos executivos seniores e da Wall Street estão errados uma vez num espaço de tempo e ainda trabalham bem, por que o pessoal de vendas deve estar certo todo o tempo?

Quem está colocando toda essa pressão nos produtores? Talvez seja o seu consultor legal quem está assustando a força de vendas certificando-se de que ninguém está fazendo reivindicações que não possam ser substanciadas. Mas não vamos esquecer que os compradores estão pedindo por isso. Assim, para evitar qualquer armadilha e manter os seus advogados felizes, preste atenção ao que ensinarei no quarto princípio ativador, METRIFIQUE A MENSAGEM. Isso dará a você algumas ideias e soluções concretas para esse obstáculo a fim de que não tenha mais receio estando errado ou sendo rejeitado, e você será capaz de apresentar as suas proposições de valor às pessoas que podem atualmente dizer sim com mais frequência.

Lembre-se, os compradores em potencial estão cavando por alguém – qualquer um – para ser forte e agressivo com eles. Eles querem alguém tão empolgado com as ofertas da sua companhia, sua paixão passando através da sua face. Alguém que tenha as entranhas para permanecer em pé e dizer, *"Sim. Nós podemos ajudar você a fazer isto ou aquilo e aqui está como ou por quê."* Os Ativadores darão a você as ferramentas para ajudá-lo a fazer exatamente isso.

NONO OBSTÁCULO
O SEU RECEIO DE PRÉ-QUALIFICAR EXAGERADAMENTE O CLIENTE OU O POSSÍVEL CLIENTE PARA JUSTIFICAR REUNIÕES ADICIONAIS DOWNSTREAM

A MENOS QUE VOCÊ TENHA SE ENVOLVIDO COM UMA INDÚSTRIA QUENTE, muitas pessoas sentem que o negócio se tornou mais difícil nos últimos anos: esforço muito vagaroso, como descreveria isso seria descrito. O fechamento de transações básicas tais como a apresentação direta, produtos ou serviços finais baixos que não são muito caros, parece levar mais tempo, custar mais, e tem-se tornado mais complexo do que o necessário. A pressão parece estar acima de cada um. A Wall Street parece pretender pisar publicamente nas companhias detentoras de ações, empurrando o crescimento para mais acima da linha principal, porque os CEOs têm primariamente se focado em custos, departamentos e pessoas contundentes durante o início dos anos 2000.

Os processos e procedimentos organizacionais, líderes e influenciadores externos também têm estado sob o microscópio procurando identificar ineficiências que possam ser resolvidas. E, geralmente falando, um nível aumentado de medo tem-se movido lentamente nos processos de tomada de decisão de muitas pessoas, se elas sabem disso ou não. Muitos de nós não estamos cientes conscientemente de como as nossas decisões ou falta das mesmas têm--se tornado entrelaçadas por uma dose de incerteza e de dúvida.

O medo pode ajudar a dirigir a mudança, para melhor ou pior. Mas num clima de negócio flexível em que o medo está acima, não é surpresa que as pessoas, tentando fazer crescer os seus negócios e fechar mais transações, tenham se tornado mais assustadas. Talvez uma palavra melhor seja *paranoicas*. Paranoicas ao empurrar de forma muito opressiva o negócio e irritando possíveis clientes no processo. Paranoicas sendo muito agressivas com clientes para obter mais negócios, procurando o relacionamento ideal e estratégico.

Claramente, sobre os últimos anos, os clientes têm ganhado mesmo maior influência, poder de escolha e assistência nas compras (se eles tiverem um departamento de mediação) do que as companhias menores que não têm a mão de obra ou os procedimentos estabelecidos para "comprar" as opções disponíveis do vendedor numa forma metódica. Mas, em face da competição global, os compradores têm muitas boas opções disponíveis e, em muitos casos, eles frequentemente chegam a acreditar que qualquer seleção entre três a cinco provedores mais importantes lhes serviria bem. Isso lhes dá a possibilidade de estudar as suas opções, utilizar o seu tempo e pôr em execução o processo de pesquisa e seleção numa maneira que eles considerem apropriada. Contraste essa realidade atual aos anos 1980 e o agitado 1990 quando, se você estiver vendendo qualquer tipo de produto, serviço ou solução, isso for simplesmente um negócio inteligente certificar-se de que o cliente ou possível cliente estava suficientemente pré-qualificado, algumas vezes antes de acordar com uma primeira reunião, uma segunda ou certamente uma terceira. Seria importante obter essa informação do possível cliente antes de investir em reuniões adicionais *downstream* para apaziguar o patrão.

Hoje, contudo, a dinâmica é completamente diferente. Ela tem se tornado mais flexível em muitos setores da indústria ao importar negócios. Colocar rigor num possível cliente, através da sua pré--qualificação nos dias atuais, antes de ter uma segunda, terceira ou quarta reunião e observar se existe alguma coisa oculta. Ele negligenciará em retornar as suas ligações ou dar a você uma das muitas razões comuns por que ele decidiu não ir adiante, pelo menos com a sua empresa.

Eles sabem muito bem que, na maioria dos casos, *eles* estão na cadeira do dirigente e que *eles* tomam as providências seguintes com os vendedores-provedores. Baseado nos últimos anos de tendências, se um possível cliente pressente qualquer resistência ou rechaço do vendedor, você pode dispensar a reunião número dois ou três. Este é o nono obstáculo da fila: não ser capaz de propriamente pré-qualificar o seu cliente ou possível cliente, na ocasião em que faz sentido um bom negócio para você, por medo de que o cliente possa estar completamente indeciso quanto ao processo.

O nível aumentado de poder e a alavancagem do comprador e o de trepidação aumentada do vendedor sobre a pré-qualificação bastante agressiva e o afastamento do possível cliente deixam uma lacuna, a qual pode impedir o seu crescimento, porque os clientes e os possíveis clientes podem explorá-la. O fechamento dos ciclos vem se tornando maior, os custos do cortejo aumentam e as margens se tornam menores. Nos anos à frente, como essa tendência se torna mais pronunciada, esse obstáculo irá se tornar mesmo um problema maior. Os princípios ativadores sete, oito e nove lhe darão as ferramentas com as quais você mostrará como pré-qualificar o possível cliente ou cliente nas primeiras duas reuniões, ao obter dele a entrega dos dados ou informações relevantes de que você precisa. Então, você pode retornar às duas ou três reuniões e apresentar um exemplo de um mininegócio, mostrando em alto nível como os seus produtos, serviços ou as soluções podem ajudá-lo – financeiramente. Essa abordagem também ajudará você a expor alguém que se esconde, os possíveis clientes, que estão gastando o seu tempo e a sua energia.

DÉCIMO OBSTÁCULO
O SEU RECEIO DE CONDUZIR A DANÇA COM OS CLIENTES E OS POSSÍVEIS CLIENTES

*E*SSE OBSTÁCULO ESTÁ FORTEMENTE ACOPLADO COM O NONO (RECEIO *DE* pré-qualificar "exageradamente" o cliente ou cliente em potencial para justificar reuniões adicionais *downstream*) e conectado com a boa e velha emoção chamada medo.

É impossível conduzir a dança quando você não está querendo comunicar os resultados financeiros que a essência das suas ofertas produziria para o cliente, a qual permite a você pré-qualificar mais completamente a oportunidade de ganhar os dados específicos dos quais você necessita para justificar reuniões adicionais *downstream*. Isso é o que eu quero dizer por "Conduzir a Dança".

Os programas de treinamento de vendas consultivos mais comuns e os modelos de processo ensinam que o meio profissional, adequado e efetivo para engajar um comprador em potencial, é apresentar-lhe questões sobre ele mesmo, seu negócio, suas áreas de interesse ou seu trabalho e as suas metas e objetivos globais. Como resultado disso, o paradigma do cortejo total deixa o cliente ou o possível cliente comandar o negócio. Ele – não você – estará conduzindo a dança em cada turno.

Esse é o caminho pelo qual a maioria de nós tem sido treinada e condicionada para vender. Então, como pode essa abordagem, que é

SEÇÃO UM: OS OBSTÁCULOS | 69

tão comumente usada atualmente, ser um obstáculo? Considere este cenário típico:

Derek Stone é uma pessoa robusta, uma árvore de cerca de 1,80m, elegantemente vestido, articulado, com 50 anos, um vice-presidente de vendas formado pela Ivy League. Ele é um dos seis VPs de vendas dentro da América do Norte. Um homem de costumes tradicionais, com camisas de punho francesas, viçosas e brancas que poderiam parecer a você um papel cortado chegando muito perto; ele é a figura "perspicaz". Ele foi oportunamente colocado numa posição restrita por sete anos com um provedor de ampla tecnologia. Derek gerenciou uma centena de vendedores na sua região, criou o seu próprio processo de vendas (emprestado de diferentes treinamentos de vendedores durante a sua restrição de sete anos) e aportou um excelente desempenho no ano passado, coletivamente produzindo um declínio de 20% nas vendas de primeira linha anuais – indo de U$ 250 milhões para U$ 200 milhões este ano.

Justo a tempo de evitar sua saída, Derek conseguiu ser recrutado, fora deste gigante, para tornar-se vice-presidente de vendas global de uma empresa de tecnologia privada de 30 milhões de dólares com 14 vendedores. A empresa pretendia uma oferta pública em que pudesse obter 50 milhões em vendas de forma relativamente rápida.

O fundador-proprietário e CEO dessa lucrativa firma de tecnologia denominada Rock Solid Technologies estava fazendo todo o possível para colocar em prática o pacote total para induzir Derek a sair da sua posição figurativa nessa companhia gigante. Com cobertura de assistência médica para a sua família, uma respeitável base salarial, bônus e opções de ações, tudo amarrado no acordo. Derek aceitou e mudou-se com a família da Costa Leste para Minneapolis, onde o seu papel e a oportunidade para influenciar a mudança eram maiores, como disse a si mesmo, a seus amigos e à esposa de 20 anos.

Derek trazia a experiência com a sua grande companhia e o fidedigno processo de vendas de sete pontos, passo a passo – o único com o qual ele serviu à sua enorme empregadora, especialmente durante o último ano, perdendo o seu número por 50 milhões de dólares. Ele seria capaz de minimizar esse evento desastroso com o novo CEO, de quem estava tão enamorado; eles estavam obtendo um grande homem de companhia, nada mais importava.

Então, Derek foi bem recebido em seu novo papel como SVP de vendas global da Rock Solid Technologies. Após reunir sua equipe possuindo 14 produtores na sua primeira reunião de vendas, ele introduz o seu fidedigno processo de vendas. Maravilhados e impressionados, cada um ansiosamente pula a bordo, comprometendo-se a usar e seguir o processo, o qual parece ser de bom-senso:

Passo Um: Engajar o possível cliente ou cliente para entender os seus desafios e esforços da essência do negócio e determinar se eles gostariam de fazer alguma coisa com eles relativamente à obtenção das suas metas e seus objetivos de forma mais rápida, melhor ou mais barata.

Passo Dois: Definir o padrinho advogado, líder, patrocinador, consultor ou padrinho executivo dentro da companhia do possível cliente ou cliente para assisti-los no escopo e melhor definir as oportunidades em potencial.

Passo Três: Formar a equipe que se reunirá com a equipe do possível cliente ou cliente para ulteriormente formar o escopo e definir a oportunidade da preparação para a criação da proposta.

Passo Quatro: Criação da proposta e preço.

Passo Cinco: Apresentação da proposta para o possível cliente/cliente.

Passo Seis: Negociação da proposta e aceitação.

Passo Sete: Submeter o contrato para revisão, aceite, aprovação e financiamento.

Uma vez que isso foi batalha testada por uma grande companhia, os 14 vendedores e o CEO "concordaram" com o processo, e cada um foi dedicar atenção ao seu negócio de planejamento de oportunidades gigantes.

Passados nove meses do novo papel de Derek, o proprietário da Rock Solid encontra-se completamente frustrado. Por alguma razão, a qual Derek não pode explicar à satisfação do CEO, 60% dos negócios no duto estão levando o dobro do tempo para serem fechados. Os advogados do possível cliente e do cliente não estão nos níveis de vice-Presidentes e os vendedores estão atolados no Passo Três (Formar a Equipe). De fato, o proprietário está lívido acerca do aumento severo nas despesas de vendas, ao descobrir o seu pessoal voando por toda a criação de Deus, envolvendo múltiplas pessoas para cada reunião. Em coisas para fazer, o CEO aprendeu que há um padrão emergente quando os vendedores estão tendo duas, três, algumas vezes quatro "reuniões número três" – algumas jamais avançando para o Passo Quatro do processo de vendas de sete passos.

Em vez de ver a companhia crescer e prosperar, eles estão retrocedendo a passos rápidos. *"Como pode estar acontecendo isso?"*, o CEO disse a si mesmo. *"Eu trouxe um cara de primeira qualidade para levar a companhia para o nível seguinte. Em vez disso, nós estamos mais desfavorecidos do que antes de Derek ter vindo para cá. Que diabo está acontecendo aqui?"* Talvez você saiba a resposta se já testemunhou algo similar na sua carreira. Verdade seja dita, isso está acontecendo em todos os setores da indústria, tanto em companhias públicas quanto em privadas.

Antes de dissecarmos o processo de vendas de sete passos, você pode imaginar os buracos e como eles se referem à questão de quem está conduzindo a dança? Vamos ver o que acontece, uma vez que o retrospecto é de 20/20.

O Passo Um define o nível ou título da pessoa/pessoas que eles devem envolver nas primeiras reuniões com um cliente ou possível cliente? E se eles não puderem envolver naquele nível, isso prove "normas" sobre o que fazer nessa situação (por exemplo: para tudo isso, pedir reforços)? Não, isso não prove. O Passo Um instrui o vendedor a ir a uma reunião número um com uma proposição de valor articulada e orientada financeiramente que informe as noções básicas de como a Rock Solid poderia ajudar o possível cliente ou cliente dentro de uma faixa geral? Não, ele não instrui.

Em vez disso, ele permite que o vendedor vá a qualquer nível, procurando resolver o problema do trabalho ou do negócio em geral e determinar se o possível cliente tem muita urgência para fazer algo sobre isso. Se a sua experiência for de alguma forma parecida com a minha, você já esteve provavelmente em situações onde o possível cliente sequer sabe se está com problema de trabalho. E, nessas situações, imagine quem paga o preço – reunião, após reunião, após reunião, após reunião – para ajudá-lo a calcular se há qualquer problema de trabalho ou não. Você e sua companhia.

Nós nem chegamos mesmo ao Passo Dois. Você vê por que, nessa abordagem, não há meio para o vendedor ser mesmo capaz de controlar ou afetar o custo das vendas, o montante de tempo que isso toma para trazer um negócio, o ritmo pelo qual o possível cliente ou cliente avança – ou o número de reuniões que haverá? A resposta é porque ele não tem controle de nada; consequentemente, ele não está conduzindo a dança!

Você pode ver por que a atitude de Derek é, "Isso levará o tempo que precisar?" Isso é o que ele tem feito. Mas o CEO da Rock Solid tem outras ideias. Algumas mudanças estão chegando. A lua de mel de Derek com pequenas companhias dos EUA acabou.

A quem esse processo de sete passos impactará? Basicamente, cada um nessa empresa de 30 milhões de dólares, não diria você? Exceto Derek, naturalmente. Sentindo a frustração do CEO, ele contatou o recrutador no oitavo mês da sua posse e programou outra posição com uma firma enorme, com pessoas que o apreciarão e ao que ele traz ao jogo. A visão de Derek é de que o CEO da Rock Solid simplesmente não entendeu que leva tempo para uma organização crescer – ou que ele não estava desejoso de fazer o que é preciso para entrar em grandes ligas.

É surpreendente quão frequentemente esse cenário é usado até o fim por companhias de todos os tamanhos na América do Norte e no exterior – tudo porque os vendedores estão com medo de conduzir a dança.

Numa casca de noz, é muito difícil conduzir a dança (traçar o curso de uma ação específica passo a passo em termos de reuniões *downstream* e as providências para a ação de cada reunião) quando você não apresenta ao possível cliente ou cliente na primeira reunião algum nível de clareza acerca de como você os beneficiaria financeiramente. E quando você não o faz, é virtualmente impossível controlar a extensão, duração e urgência (ou falta das mesmas) das reuniões e convocações deles com você. Os Ativadores proverão você com múltiplas soluções a esse obstáculo comum a fim de que o mesmo não aconteça tão frequentemente a você e a sua empresa.

Torna-se difícil reassumir alguma parte desse controle nas reuniões, porque os clientes e possíveis clientes estão acostumados a liderar, evocar as providências seguintes dos vendedores-provedores – avocando a si que a dança inicial com a sua companhia foi uma boa experiência. Mas um controle maior ajuda a fechar negócios de uma forma mais rápida.

Você está começando a ver que poderá ser uma boa ideia aprender como liderar se quer controlar os custos das suas vendas e de marketing e encurtar os ciclos de fechamento? Você não pode embalar a dança se as proposições de valor que você induzir não impulsionarem benefícios financeiros ao negócio atraindo a atenção do cliente – significando que eles não têm DENTES. E como você pode dirigir o processo se estiver em um nível em que as pessoas com as quais está negociando nem mesmo se importarem se a mensagem tem quaisquer DENTES (sétimo obstáculo)?

Uma última vez: é difícil dirigir um cliente ou um possível cliente para uma direção ou curso de ação específico sob um horizonte de tempo razoável se não houver clareza impulsionando os benefícios financeiros ao negócio quanto ao tema ou foco principal das suas reuniões. Onde está a urgência que você está criando? Ela não está. E se ela não está presente, como você pode realisticamente esperar impelir os ciclos de fechamento da sua companhia?

ATIVANDO RESULTADOS

A Avaliação dos Obstáculos pode ajudar a revelar como os desenvolvedores do seu negócio veem a dança inicial com o cliente ou possível cliente – isso é muito importante, porque ajudará você a entender se manteve as pessoas certas a bordo. Pelas respostas do seu pessoal você pode descobrir as chaves com as quais pode combinar os Ativadores certos para impelir os ciclos de fechamento e o custo total das vendas da sua companhia.

DÉCIMO PRIMEIRO OBSTÁCULO
O CONTEÚDO, O FORMATO E A ENTREGA DA SUA APRESENTAÇÃO EM POWERPOINT SÃO OPACOS – ELA É DEMASIADAMENTE LONGA E NÃO FOCALIZADA DE FORMA CONCISA

PARA MUITAS COMPANHIAS, A APRESENTAÇÃO DE POWERPOINT DO CLICHÊ DELAS é como uma vaca sagrada. Ela é a história, a declaração da missão, a descrição dos produtos e serviços, os clientes atendidos e os sucessos esculpidos. Uma bonita e coesa dimensão da companhia – certo? Você pensaria assim baseado no quão defensivos alguns se tornam quando você começa sugerindo mudanças à apresentação deles.

Eles reagem como se você estivesse fazendo comentários sobre as crianças deles. Essa é uma resposta estranha, porque, quando perguntados de como eles atualmente gostariam que fosse seu próprio clichê, tipicamente respondem: *"Ele é muito bom, mas muito longo... É maçante... Os meus possíveis clientes dessintonizariam na metade... Existe muita informação lá com a qual eles parecem não se importar. Ele não é muito empolgante. Esse é o nosso discurso de vendas padrão e nós não estamos autorizados a mudar nada nele."*

Se as pessoas que fazem a apresentação não estão orgulhosas ou impressionadas com ela, é justo esperar que os receptores fiquem?

76 | *ATIVANDO RESULTADOS*

Para trazer isso de forma mais condensada para a sua companhia, peça ao seu pessoal para ser neutro em relação às apresentações da sua companhia. Essa conversa poderá ajudar a entender por que muitas companhias estão achando (uma vez que elas se comprometam a tempo para averiguar isso) que esse elemento particular do processo de venda delas está interferindo no fechamento de mais negócios.

De fato, os clichês padronizados de muitas companhias são bloqueios substanciais ao crescimento futuro. A plataforma delas contém slides em demasia, leva muito tempo para ser exposta, não é adaptada para o nível dos executivos para os quais ela está sendo dada, e muito frequentemente a *substância é* empurrada para o final da apresentação, o que irrita os executivos seniores. A apresentação também contém detalhes em excesso e desnecessários. Analise a sua apresentação para avaliar se existem dados estranhos.

Os resultados podem ser ditos a elas nos termos das reações de cliente e possível cliente e suas porcentagens de fechamento. Contudo, a boa nova é que cada componente da sua apresentação pode ser alterado ou mudado, porque você tem o poder para mudar os elementos que não servem à sua finalidade.

As perguntas da Avaliação dos Obstáculos podem prover uma boa verificação sobre o que o seu pessoal acha das suas apresentações – e onde eles consideram que o material poderia ser intensificado. Esses são dados valiosos que podem fornecer um ROI mensurável se você agir de acordo com essas sugestões.

Para trabalhar na eliminação desse obstáculo na sua empresa, vá rapidamente para ENTREGUE A ÚLTIMA APRESENTAÇÃO, na página 133 – sexto princípio ativador. Ele é um formato e metodologia provados no campo para melhorar a versão atual do seu clichê padronizado. Ele mostrará a você metodologia e ideias específicas sobre como reordenar e sumarizar o conteúdo enquanto adiciona audácia e poder à sua entrega. Quinze anos de experiência com clientes e possíveis clientes deixam poucas dúvidas de que esse formato provado não seja um vencedor. De fato, os executivos seniores particularmente o amam.

DÉCIMO SEGUNDO OBSTÁCULO
A SUA INABILIDADE EM COMUNICAR-SE COM OS CLIENTES E POSSÍVEIS CLIENTES – OS BENEFÍCIOS FINANCEIROS DO TRABALHO EM CONJUNTO

O*QUE É MAIS INTELIGENTE: AJUDAR OS POSSÍVEIS CLIENTES E OS CLIENTES* a entender primeiramente no seu processo de cortejo os objetivos, os resultados ou os líquidos-líquidos dos seus produtos, serviços ou ofertas, ou permitir-lhes calcular quando eles dirão que estão prontos? Estranhamente a maioria das pessoas prefere utilizar a segunda opção.

Se você aprofundar a sua própria essência, esse obstáculo impacta e efetivamente bloqueia os planos de crescimento de muitas organizações por duas razões primárias:

1. As pessoas para as quais você está vendendo estão sendo pressionadas por suas organizações para apresentar resultados através de cada produto, serviço ou solução que eles consideram aquisição.

2. A inabilidade dos provedores para articular como seus produtos ou serviços criam ou produzem benefícios financeiros, impacto ou negócio vale para o possível cliente e o cliente.

78 | ATIVANDO RESULTADOS

O décimo segundo obstáculo é o resultado de um processo de vendas que permite ao possível cliente ou cliente conduzir a dança por três razões:

1. O provedor não confia na habilidade das ofertas dele para produzir um benefício financeiro.

2. O provedor não sente que eles necessitam ou se comprometam com reivindicações financeiras abertamente porque ele acredita ser da responsabilidade do possível cliente ou cliente descobri--las. Em alguns casos, o advogado do provedor está dizendo que eles não podem – sob qualquer forma ou modelo – exibir ou comprometer-se com especificações. A palavra-chave aqui é *comprometer-se*. (Eu me referirei a isso no quarto princípio Ativador, METRIFIQUE A MESAGEM, porque essa é a solução para o problema.)

3. O provedor está tendo dificuldade na determinação dos benefícios financeiros dos produtos e serviços dele e acreditando neles o suficiente para fazer uma apresentação convincente.

Esse é o problema real para muitas companhias. A maior questão é: Por que você daria um olhar mais atento na sua organização? A resposta é simples. Se você realiza negócios numa indústria muito competitiva onde os clientes têm múltiplas alternativas atraentes para os seus produtos e serviços, eles podem ver você praticamente da mesma forma como veem outros provedores mais importantes. Se houver qualquer chance de isso acontecer, eles reproduzirão a atitude que as características e os benefícios dos vendedores-provedores apresentam, a mesma, perto de se completar – quase comum, na avaliação deles. Nesse ponto do processo, o provedor tem a probabilidade de ouvir alguma coisa como esta:

"Olhe, Michael, no final do dia, podemos perceber que o seu material é muito bom. Apreciamos como o nosso relacionamento tem progredido; há uma boa história nisso etc. Mas temos poucas alternativas e nós temos de considerá-las também. O que realmente desejamos de você é que nos ajude a entender os benefícios financeiros

aos negócios através dos seus produtos e serviços. Isso, mais do que qualquer outra coisa, nos ajudará a avaliar a direção que tomaremos."

Agora vamos voltar ao início deste capítulo. As pessoas para as quais você está vendendo estão sob imensa pressão para apresentar resultados sobre o que elas estão comprando ou considerando adquirir. Diante das características e dos benefícios de cada opção, as escolhas estão se tornando mais e mais indefinidas entre os vendedores mais importantes, clientes e possíveis clientes que estão tendo problemas ao notar quaisquer diferenças substanciais. No entanto, o caminho mais fácil, mais rápido e mais *seguro* para eles justificarem uma compra é pelo entendimento dos benefícios financeiros aos negócios pelas suas ofertas.

O processo mais rápido e precoce que eles podem entender é esse.

Se você não está querendo fazer esse trabalho para eles ou ajudá-los a descobrir isso nos termos que entendam e aceitem, esse obstáculo é absolutamente impactante sobre o seu crescimento. É importante o suficiente para discutir com os seus colegas para obter as perspectivas deles.

O quarto princípio Ativador, METRIFIQUE A MENSAGEM, proverá as ferramentas para ajudar você a melhor articular como as suas ofertas podem impulsionar financeiramente os possíveis clientes e clientes, a fim de que eles possam minimizar esse obstáculo.

Agora você teve expostos os 12 obstáculos e o meio pelo qual eles desaceleram ou bloqueiam a sua empresa de atingir um maior crescimento da primeira linha num horizonte de tempo reduzido. O entendimento desses 12 obstáculos, e como lidar com eles ao aplicarem-se a você e a sua organização, ajudará você a ter sucesso com as metas que estabeleceu para si mesmo e para sua companhia. Eles todos impactam diretamente a sua habilidade em trazer receita e a velocidade pela qual você é capaz de chegar à porta – alguma coisa em que a Wall Street está sempre extremamente interessada, como você já sabe.

Você já pode ter uma noção sobre quais obstáculos são os maiores impedimentos na sua companhia. Esses obstáculos continuam a atrasar o progresso de milhares de companhias de todos os tamanhos. A chave é determinar quais delas poderiam impactar negativamente o seu crescimento. Quanto mais rápido você determinar quais são os maiores problemas para o seu negócio, mais rápido você poderá resolvê-los.

Agora é o momento de ver os Ativadores – os princípios que podem enfrentar e minimizar os seus obstáculos e levar os esforços de desenvolvimento do seu negócio ao nível seguinte.

Seção Dois:
Os Princípios Ativadores

OS DOZE PRINCÍPIOS PROVADOS PARA SUPERAR, MINIMIZAR OU DISSOLVER OS OBSTÁCULOS AO DESENVOLVIMENTO DO SEU NEGÓCIO

*P*ORQUE HÁ MUITO RUÍDO EM NOSSAS VIDAS, TODOS NECESSITAMOS ser lembrados por que estamos investindo o nosso precioso tempo nisso ou naquilo a fim de que possamos manter o rumo e descobrir o que estamos tentando aprender.

Examinamos então cada um dos 12 obstáculos, discutindo como e por que eles causam os maiores estragos na velocidade com a qual você é capaz de atrair mais negócios e aumentar o seu fluxo de caixa. Antes de compartilhar cada uma das ferramentas Ativadoras, desejo dar a você uma outra prova do quão efetivo e necessário se torna este processo se você quiser que suas mensagens sejam ouvidas mais rapidamente, pelos níveis certos dos tomadores de decisão, para obter uma resolução em menos tempo. A isso que os *Ativadores* realmente se referem.

Assim, antes que eu leve você a estudar cada ferramenta individual – cada Ativador – explicando o valor de cada um e o benefício que cada um pode prestar por si mesmo ou em combinação com outros como um processo coeso, apresento uma história acerca da aplicação do processo em uma oportunidade significativa que produziu dinheiro real.

Os Ativadores ajudaram a mim e a meu sócio a fechar um negócio milionário com a Household Finance International – depois de eles já terem selecionado um dos nossos concorrentes por meio da conclusão de um exaustivo processo de RFP (do qual nós fazíamos parte). No passado, quando nós os cortejamos, eles tinham aproximadamente

84 | ATIVANDO RESULTADOS

sete ou oito bilhões em receita anual. Agora eles estavam muito maiores, chamados de HFC-Beneficial e parte de uma empresa consideravelmente maior, a HSBC Finance. Essa história mostrará a você o poder detrás dessas ferramentas e como elas podem trabalhar de forma muito efetiva ao trazer mais resultados auspiciosos para a sua companhia.

HISTÓRIA DE SUCESSO DOS ATIVADORES: NUNCA É TARDE DEMAIS

"De alguma forma, nós o perdemos. Como nós pudemos perder uma submissão de RFP da Household Finance?" Não podíamos acreditar nisso. Por que não soubemos sobre essa oportunidade? Por que não recebemos a RFP deles? Após assegurar uma cópia da solicitação para a proposta, soubemos que a HFC já tinha selecionado um dos nossos mais vigorosos competidores, instalado dois sistemas no centro de cobrança deles no Oeste, e estavam continuando a implantação em outros centros dentro das suas operações nos EUA. Essa oportunidade tinha acabado, estava morta, costurada. A força-tarefa tinha debandado, e, do que nós pudemos descobrir, a instalação e a implantação da integração estavam programadas, avançando sem um arranco – uma oportunidade totalmente perdida.

Olhamos cuidadosamente a RFP, tentando descobrir um indício do porquê esse concorrente ter sido selecionado e nos deparamos com uma coisa estranha. Muitas vezes, dentro do documento, a HFC determinava que ela queria uma plataforma da IBM baseada na discagem preditiva porque ela era uma loja da IBM de grande porte. A única coisa estranha era que a força-tarefa tinha selecionado um vendedor não baseado na plataforma da IBM. Éramos os únicos do mercado baseados na plataforma da IBM naquela ocasião. Mesmo sem estar a par dos detalhes, alguma coisa parecia não estar certa.

O que poderíamos fazer? Do que pudemos vislumbrar pelos rumores, ela já tinha tomado a sua decisão e estava bem encaminhada, com uma programação de instalação, integração e migração para iniciar.

SEÇÃO DOIS: OS PRINCÍPIOS ATIVADORES | 85

Ousaríamos uma Ação Rápida com um Ativador nessa organização? E se nós a tomássemos, quem direcionaríamos, uma vez que a força--tarefa tinha debandado e estava provavelmente de volta ao trabalho como usual? Mais, e se nos apresentássemos a alguém com suficiente poder e autoridade que escutasse e agisse, qualquer que fosse a nossa desculpa – a nossa razão para agitar as águas? Poderia ser que a força--tarefa tivesse cometido um erro no processo de seleção dela? Por que eles não selecionaram uma plataforma baseada na IBM se esse era o requisito-chave? Isso se tornou a nossa porta aberta para a rachadura, a nossa justificativa para abordá-la com um "Você sabia?" – tipo de mensagem para os mais altos níveis dessa organização – os níveis bem acima dos que a força-tarefa deixou pendente.

Arriscado? nós não sabíamos. O que estaria errado com uma carta de abordagem bem escrita sobre o Sistema COL (aprenderemos sobre a abordagem do Círculo do Sistema de Mediação no quinto Ativador) endereçada a múltiplos executivos seniores os quais, imaginávamos, quereriam saber sobre isso? Abriríamos com uma introdução da nossa organização, seguida por:

1. Uma apologia de ser desconhecedor da RFP dela.

2. Informação nova, contando que tínhamos lido a RFP, ficamos sabedores de que eles estavam buscando uma tecnologia baseada na discagem preditiva da IBM e que, de acordo com o nosso entendimento, ela tinha selecionado uma tecnologia não baseada na IBM, como sua vendedora escolhida e tinha começado a instalação.

3. Uma comparação de característica e benefício de grade dos nossos sistemas contra o vendedor que ela tinha selecionado – salientando que éramos os únicos oferecendo uma plataforma baseada na IBM.

4. A nossa oferta – passagem de ida e volta, hotel e refeições para até cinco pessoas da organização dela para encontrar-nos em Atlanta, onde elas visitariam duas instalações nossas em clientes de instituições financeiras baseadas na IBM.

86 | ATIVANDO RESULTADOS

Gastamos tempo metrificando o formato da mensagem, combinado com os benefícios óbvios da oferta de uma plataforma baseada na IBM.

A AVALIAÇÃO DO NOSSO STATUS em relação a essa oportunidade mostrou que não tínhamos condição. Se escolhêssemos abordar, necessitaríamos de uma proposição de valor convincente e muito boa, articulando o quanto ela poderia ainda ganhar considerando a nossa solução. O PROJETO DO NOSSO FUTURO forçou-nos a analisar e focalizar quem teríamos de frente para impulsionar a ação da nossa mensagem. Isso nos ajudou a identificar quem necessitaríamos manter afastado – aqueles que sentíamos que destruiriam as nossas chances mais rapidamente do que poderíamos piscar.

Analisamos a estrutura gerencial e a pesquisa corporativa para solidificar os pontos de entrada nesse castelo ao qual iríamos apelar. Tínhamos PRIVILEGIADO O NOSSO PROGRESSO. ERA TEMPO DE METRIFICAR A NOSSA MENSAGEM.

A RFP forneceu uma visão global suficiente da operação de forma a nos capacitar a criar um quadro financeiro para a carta pelo nosso Círculo de Abordagem, o qual esperávamos que atrairia a atenção do executivo certo. A calibragem dos DENTES na proposição de valor era o tempo bem gasto. Jamais é uma boa ideia destruir a porta em um nível tão alto – ou qualquer nível – se você não tem um argumento convincente para oferecer.

O quadro financeiro que pintamos era comparável àquele do vendedor já selecionado. Mas, porque oferecemos a única plataforma verificável de discagem preditiva baseada na IBM naquela ocasião, poderia haver benefícios adicionais de TI, criando um caso de negócio financeiro ainda melhor pela mudança para o nosso sistema de solução.

ACESSAR O CASTELO estava se tornando uma estratégia e uma dança astuta, uma vez que essa era uma organização de dados multibilionários. Planejamos nossa meta pelas operações mundiais do EVP, que aparecem em relatórios numerosos, diversos e diretos para ter a última responsabilidade para a unidade de negócios que queríamos usar no nosso sistema. Também planejamos os executivos financeiros seniores e os SVP de crédito e cobrança – ficando sabedores da organização da tecnologia após a entrada inicial no castelo. Apelar para a organização de TI (a qual parecia deter metade dos espaços reservados pela força--tarefa) somente nos colocaria em areia movediça. Tipicamente, as grandes organizações de TI são finamente esticadas, com numerosos projetos que precisam ser feitos "ontem" e com pouco tempo para se focalizar sobre os possíveis novos vendedores ou fornecedores.

A carta de cinco a seis páginas do Sistema COL descansava simultaneamente sobre as mesas dos executivos-alvos. Nossa solicitação para o acesso inicial era uma convocação para uma reunião de 15 minutos com as operações mundiais do EVP ou com o financeiro sênior ou executivo de cobrança – alguém com poder, coragem e entranhas para reabrir a análise da força-tarefa, se isso provou ser um empreendimento prudente.

A carta era a nossa melhor Ave Maria nessa multinacional. Apesar de a nossa proposição de valor ter passado e estar cheia de dentes, perdemos o grupo, o que foi nossa própria falha. Persuadir os membros do grupo da debandada força-tarefa para retornarem juntos e rever as decisões já consideradas por eles era definitivamente uma abordagem de Ave Maria.

Com uma sólida convicção e expectativas em xeque, esperamos de dois a três dias, à medida que a carta do COL permeava entre os executivos-alvos. Com o COL, você sempre segue de cima para baixo. Quando acompanhamos com o assistente executivo as operações mundiais do EVP, soubemos que eles tinham visto a carta, discutido-a com alguém, e que estavam querendo falar conosco dentro de uma semana. Uma convocação para reunião estava programada e paramos todos os acompanhamentos com os outros, uma vez que tivemos acesso concedido a um dos mais altos executivos a quem tínhamos apelado.

A chamada telefônica foi breve e direta ao ponto. Sua pergunta fundamental foi *"Esta carta é verdadeira? Como pode esta carta ser verdadeira? O que* você *entende por ser a única plataforma de discagem preditiva baseada na IBM?"* Como dissemos sim à sua primeira questão, nós o convocamos

88 | ATIVANDO RESULTADOS

para descortinar alguma coisa para o efeito de *"então como podia o nosso pessoal ter perdido isso? Não podemos acreditar nisso. Senhores, estou preparado para assumir a nossa oferta do voo de cinco pessoas da nossa equipe para encontrá--los em Atlanta para fazer uma visita às instalações baseadas na IBM. Reúnam-se e nosso escritório trará aos senhores os nomes e títulos daqueles que desejamos estar nessa pequena viagem e, se eles verificarem que o que estamos dizendo está correto, determinaremos nesse ponto que direção tomar. Fomos claros?"*

Quando desligamos, pensei que na verdade poderíamos ter uma oportunidade. Dentro de duas semanas, tínhamos os nomes das cinco pessoas e os respectivos títulos. Rapidamente providenciamos os arranjos do voo e as visitas às instalações dos nossos dois clientes baseados em Atlanta.

No dia em que eu os cumprimentei na nossa fábrica, em Atlanta, ficou aparente a insatisfação deles por estar lá. Certamente, esse foi um caso para ser dito pelos superiores hierárquicos para aprender sobre uma solução que eles não tinham considerado antes por qualquer razão. Agora eles tinham de investigar isso e relatar as suas descobertas, apesar de já terem tomado uma decisão meses atrás.

O dia foi um exercício de construção de conformidade. Nós nos desculpamos por não ter tido conhecimento da RFP deles e de como eles criaram rachaduras sobre o que seria a reabertura da avaliação. Permanecemos humildes e firmes, salientando a estrutura baseada na IBM por detrás da nossa solução. Enfatizamos que, por eles serem uma loja de grande porte da IBM, poderiam ganhar economias em escala e desempenho ulteriores.

A visita ao cliente transcorreu bem mas quando os colocamos de volta ao avião, não tínhamos absolutamente nenhuma indicação de que os tivéssemos movido uma polegada. Então, aguardamos ainda uma direção.

Ela veio do escritório do EVP. Eu tinha de telefonar para o SVP de crédito e cobrança quanto a sua operação canadense. Eu tinha de voar para lá e fazer uma apresentação explicando por que eles deveriam trabalhar comigo *versus* o vendedor selecionado, uma vez que há meses eles já tinham os seus sistemas instalados em Montreal, Toronto e Vancouver.

SEÇÃO DOIS: OS PRINCÍPIOS ATIVADORES | 89

Rapidamente nos encontramos no Canadá fazendo exatamente o que eu tinha dito. Várias reuniões orientadas pela TI se seguiram com a operação canadense deles, e eis que tivemos acesso aos seus centros de cobrança canadenses.

Não podíamos criar um sistema rápido o suficiente. Como eles estavam instalados e integrados, operando como prometido, imagine a que nos tínhamos remetido? À sua operação de crédito e cobrança no Reino Unido, como também uma loja de grande porte da IBM. Basta dizer que fomos premiados com aquele negócio também, fazendo o círculo de volta à operação nos EUA para garantir um ponto de apoio lá. Isso provou ser uma luta, uma vez que eles estavam caminhando bem com o vendedor original. A questão importante era: poderíamos ter obtido quaisquer dos negócios da HFC se não tivéssemos AVALIADO O NOSSO STATUS, PROJETADO O NOSSO FUTURO, METRIFICADO A MENSAGEM para que a oferta fosse cristalina e então tivesse ACESSO AO CASTELO pela abordagem da organização TI deles? De nenhuma forma teríamos obtido cinco pessoas em Atlanta para abordar a organização TI deles – nenhuma chance. Mas, baseados em como e por onde entraríamos no castelo, acoplados com o tom e a honestidade da nossa carta de abordagem, a mensagem encontrou rapidamente seu público na forma de um executivo que tinha o poder para agir.

A ENTREGA DA ÚLTIMA APRESENTAÇÃO, A PINTURA DO QUADRO FINANCEIRO E A MANUTENÇÃO DA NOSSA FUNDAMENTAÇÃO (você se familiarizará breve com esses Ativadores) foram algumas das razões adicionais de como conseguimos partes do seu negócio. Finalmente, não obtivemos o negócio dos EUA, mas eu ganhei os seus negócios canadenses e do Reino Unido – um resultado bastante satisfatório, baseado no tamanho dos contratos.

Era muito tarde para abordarmos essa situação? Foi mesmo muito tarde para fazer a abordagem? Nossos resultados falam por si. Não era muito tarde, apesar de se terem arrepiado algumas penas. O mais importante: A HFC se beneficiou com a análise final – socorrida pelos Ativadores.

Quais oportunidades no seu estereótipo necessitariam de uma iniciativa Ativadora? Isso é alguma coisa para discutir com os seus observadores. Você pode resgatar oportunidades que achava que já estavam perdidas.

Bem, chegou a hora de falar a você acerca de cada Ativador e como eles podem ser usados individual ou conjuntamente em oportunidades significativas para fazer crescer o seu negócio.

PRIMEIRO PRINCÍPIO ATIVADOR
AVALIE O SEU STATUS

Q UANDO VOCÊ NÃO SE SENTE BEM E PENSA QUE ALGUMA COISA PODE estar errada, você normalmente vai ao médico e conta a ele sobre os seus sintomas. Ele registra a informação e faz perguntas detalhadas, cria um diagnóstico e aconselha você sobre as opções de tratamento. Você avalia as opções, faz perguntas esclarecedoras se deseja mais informações, e então seleciona a opção de tratamento que melhor atende os seus objetivos. Sua decisão leva em conta quão desconfortável você está, quão rápido você deseja que isso vá embora, e o montante de dinheiro que você está querendo gastar para resolver a aflição e o problema. Esse processo é claro, bastante direto, cheio de senso comum e, tipicamente, as palavras operam bem na maior parte do tempo.

Então, por que você não segue o mesmo modelo para o seu negócio quando acha que alguma coisa está errada? Estamos falando sobre o seu negócio – o veículo que provê a receita, os fundos da sua assistência médica e bem-estar. E justo como você toma decisões a respeito da sua saúde, deve aplicar o senso comum aqui também.

Agora que você já teve o gosto dos obstáculos e como eles podem significativamente impedir a habilidade da sua companhia em criar mais receita de forma mais eficiente, não faz sentido fazer uma avaliação

ATIVANDO RESULTADOS

AVALIE O SEU *STATUS*

UAU! Eu não acho que você TENHA um *status*. Eu não posso ouvir NADA!

Eles estão fazendo O QUE na divisão "B"? Por que?

QUEM são as pessoas que está visitando? Por que elas estão fazendo ISSO?

Eu estou vendo uma porção de obstáculos AQUI.

BEGLY

básica – um processo direto que reunirá experiência de múltiplas partes (tais como você e o seu pessoal-chave) e fará perguntas adicionais de esclarecimento? Um processo então que consolidará os dados e os retornará com uma análise do "que está acontecendo com a fase final do seu negócio relativa aos obstáculos que estão causando a maior aflição no seu negócio?" Isso permitirá a você tomar algumas decisões acerca de quais você atacará primeiro.

As estratégias de implementação em que você acredita farão o seu negócio crescer antes de avaliar o seu *status*, não é a coisa mais sábia que você pode fazer – você não concordaria? A avaliação ajuda você a entender o que está abaixo da linha d'água – os fatores que você poderia não ver pelas razões que já compartilhamos na descrição de cada obstáculo. Então, você se tornará conhecedor de como os obstáculos impactam o seu crescimento de forma que você possa endereçar a eles as opções de tratamento que mais se ajustarem aos seus objetivos, planilha de tempo e orçamento.

Apesar de não haver jamais um tempo conveniente para uma avaliação, a procrastinação não é mais uma opção. O crescimento da linha superior é o mantra – o novo foco das grandes e pequenas companhias para um futuro previsível. Os CEOs e os proprietários têm aparado o excesso. Não há nada mais a aparar. Ninguém tem permissão para esconder, e a fase final é agora o foco. Isso significa aumento nos negócios com os clientes atuais e os ganhos de maiores negócios dos possíveis clientes e de setores verticais nos quais você tem de penetrar. Isso é o que consideraremos como estágio central daqui em diante.

Você já deve ter ouvido o ditado "A definição de insanidade é fazer a mesma coisa repetidas vezes, mas esperando um resultado diferente." Se o crescimento do seu negócio é uma prioridade de primeira linha, então, o princípio do Dr. Stephen R. Covey, As Primeiras Coisas em Primeiro Lugar, do livro *Os 7 Hábitos das Pessoas Altamente Eficazes*, é relevante aqui. Avalie o seu *status*. Aprenda quais obstáculos estão retardando o seu crescimento, avalie a severidade deles e selecione as opções de tratamento que apoiarão os seus resultados almejados.

94 | ATIVANDO RESULTADOS

As questões seguintes dos primeiros três capítulos dos obstáculos são sobre Avaliação dos Obstáculos. Informação sobre a versão completa pode ser encontrada em www.accelerantinternational.com. Isso ajudará você a iniciar a conversação crucial dentro da sua companhia para descobrir em que você e seu pessoal acreditam sobre cada impacto negativo do obstáculo no seu negócio. No entanto, você pode querer voltar e rever as questões que usamos nas avaliações dos obstáculos um, dois e três.

Para o bem do seu negócio, você precisa saber como os clientes e os possíveis clientes atuais responderão a essas questões. Então, seja direto e pergunte-os. Suas respostas terão um longo caminho a percorrer na construção de estratégias para intensificar e alongar os seus relacionamentos profissionais. E, lembre-se, as respostas deles serão diferentes, baseadas no relativo poder e na autoridade dos mesmos dentro da organização. Assim pode ser uma boa ideia agrupar os executivos e gerentes de níveis médio e baixo em "portadores de autoridade", à medida que você faz as perguntas.

A Avaliação dos Obstáculos inclui perguntas dirigidas a todos os 12 obstáculos. A amostragem das questões para os primeiros dos três obstáculos ajudará você a iniciar a conversação dentro da sua companhia. Meu conselho, se você deseja fazer as coisas certas para minimizar quaisquer surpresas do caminho: complete a avaliação dos 12 obstáculos a fim de que você tenha uma diagnose de como cada um está impactando o seu crescimento. Então, você pode se dirigir àqueles que estão causando maior aflição e desconforto para o seu negócio antes de aplicar os Ativadores adequados.

SEGUNDO PRINCÍPIO ATIVADOR
PROJETE O SEU FUTURO

*A*GORA QUE VOCÊ JÁ AVALIOU O SEU STATUS, SABE QUAIS OS OBSTÁCULOS que estão impactando o seu crescimento e determinando como você vai se dirigir a eles, porque é hora de decidir como você quer o modelo do seu novo processo de obtenção para avançar. O melhor caminho é colocar destaque no caminho que estava fazendo nos últimos anos – contrastando com o modelo atual de como você deseja que o seu processo revisado funcione.

Uma maneira de fazer com que isso trabalhe bem é fazer a junção por unidade de negócio (se você for uma empresa menor com poucos produtos e serviços, junte a equipe inteira). Proprietários, executivos responsáveis por vendas, marketing e nova geração de negócios; gerentes chave de vendas no campo; e uns poucos produtores-chave que viriam juntos para discutir internamente questões focadas, tais como:

1. Como podemos diminuir o nosso ciclo de vendas atual com os clientes e possíveis clientes que desejamos como alvo, sem desmoronar a nossa equipe para um negócio?

2. Quem (por título) estamos visitando nas nossas reuniões iniciais e por quê?

3. Esses indivíduos são as pessoas certas para abordar para fazer progressos com a oportunidade?

4. O que exatamente acontece em cada uma das nossas reuniões com os clientes e os possíveis clientes? Quais são os resultados típicos de cada reunião ao longo do caminho? Você gosta do processo que está sendo seguido? Ele está servindo às nossas necessidades?

5. Há um modelo no nosso processo de busca, cortejo e fechamento da reunião para a reunião número _____?

6. Há um número padrão de reuniões, chamadas para conferências, visitas às instalações, demonstrações/apresentação de *web*-x, antes de termos feito progressos com a oportunidade?

Essas são as grandes questões para começar. Nossa experiência sugere que, quando os clientes trazem juntas as pessoas certas e orientam essas questões, eles se surpreendem de como eles aprenderam um com o outro. Eles também escutam as respostas que não apreciam e outras que não sabiam. Por exemplo, sem falhas, os executivos seniores acham que a organização de vendas deles está seguindo o processo de vendas que eles colocaram em execução por eles mesmos ou por seus predecessores. Contudo, eles frequentemente aprendem que existe uma "área cinzenta" muito maior em volta do que os vendedores estão fazendo em cada reunião. No entanto, essas questões e as respectivas respostas trazem maior clareza. O resultado positivo é um diálogo aberto que começa entre aqueles que participam do crescimento, do progresso e da primeira linha do negócio.

Uma ferramenta que você pode usar para obter maior clareza sobre o que está acontecendo realmente com o seu processo de vendas e cortejo atual é a Matriz do Bloquear e Atacar. Pergunte ao seu grupo as seguintes questões e modele o quadro das respostas coletivas. A feitura desse exercício ajuda as companhias a criarem um quadro mais apurado dos procedimentos ou processos que elas podem querer mudar, reordenar ou eliminar.

A MATRIZ DO BLOQUEAR E ATACAR

(Preencha um para cada categoria.)

NA CHAMADA PARA CONFERÊNCIA EM PESSOA OU REUNIÃO Nº ...	QUANTAS PESSOAS ESTÃO EM ATENDIMENTO?	QUAIS SÃO OS TÍTULOS DAQUELES NA SALA OU DOS ENVOLVIDOS?	QUAL É A MENSAGEM COMUNICADA? O QUE ESTÁ REALMENTE ACONTECENDO?	QUAL É O RESULTADO TÍPICO DA REUNIÃO OU DA INTERAÇÃO?
1				
2				
3				
4				
5				
6				
7				
8				
9				
10				
11				
12				

Encorajamos os clientes a preencher essa tabela, pelo menos duas vezes – uma sobre como as coisas trabalham agora e a outra como gostariam que elas trabalhassem, avançando. Essa abordagem pode ajudar a Projetar O Seu Futuro pelo processo de busca e obtenção do negócio.

Se desejar fazer o exercício mais tarde, você pode, completando uma versão atual com a visão futura para cada uma das seguintes categorias.

1. Clientes atuais.

2. Indústrias verticais às quais você aplica maior foco.

3. Oportunidades em andamento que pararam ou seguem silenciosas.

4. Possíveis clientes-alvo que parecem caça valiosa.

5. Oportunidades perdidas durante os últimos seis meses.

A Matriz do Bloquear e Atacar é uma ferramenta útil, porque permite que o diálogo dentro da sua companhia comece Projetando O Seu Futuro.

Essa é uma ferramenta primária que os nossos clientes têm usado com sucesso para pensar através dos cenários da redução dos seus ciclos de fechamento e de tempo num negócio. O processo pode ser desafiador às vezes, porque as respostas às questões, que parecem muito básicas, são atualmente difíceis de achar ou ver em alguns casos. Permaneça aberto para mudar os seus paradigmas pessoais ao passar pelo exercício. Isso ajudará sobremaneira o seu negócio.

Aqui está o que tenho observado enquanto atendo sessões de treinamento e de consulta com qualquer uma das dez companhias de 50 milhões de dólares a multinacionais de multibilhões de dólares que colocam o pessoal chave em uma sala e o conduz a trabalhar de forma colaborativa com a Matriz do Bloquear e Atacar.

Primeiro, os clientes que colocam as pessoas certas na sala para esse exercício obtêm o máximo disso. Eu já tinha dito isso uma vez, mas é importante mencionar esta lista novamente:

100 ATIVANDO RESULTADOS

1. O proprietário, presidente/CEO ou chefe da unidade de negócio.

2. O chefe de vendas/desenvolvimento do negócio.

3. O chefe de marketing.

4. Dois, três ou quatro vice-presentes chave regionais ou territoriais sobre os gerentes de vendas e produtores/gerentes de contas dos clientes.

5. Dois, três ou quatro dos gerentes de vendas chave/gerentes de contas dos clientes.

6. Dois, três, ou quatro vendedores mais importantes para a companhia.

7. O executivo financeiro chefe para a companhia/unidade de negócio.

Com um grupo tão formidável na mesma sala, a força, a experiência e a credibilidade do instrutor tornam-se importantes. O instrutor deverá ser capaz de canalizar e policiar a conversação à medida que as coisas se desdobram. Há usualmente abundância de debates, opiniões fortes, desacordos e, em alguns casos, trocas calorosas. Enquanto o instrutor mantiver cada um focado no objetivo de encontrar ideias tangíveis que permitam à companhia apertar e reduzir o processo das vendas deles, então, cada um terá em mente que esse trabalho é para uma causa comum.

É para ser um exercício divertido. A qualquer tempo que você reúne pessoas afiadas, de sucesso e opinativas em uma sala e as dirige para explorar com esse exercício como o seu processo atual supostamente trabalha, e então procurar caminhos para melhorá-lo, como você poderia não esperar qualquer coisa como um debate excitante?

Como o instrutor ajuda o grupo a capturar as suas respostas na grade sobre as reuniões/chamadas com os primeiros três possíveis clientes ou clientes no seu processo atual, as questões geralmente atingem um problema. Em muitos casos, os vendedores participantes, em relação à reunião número três ou quatro, tornam-se incapazes de determinar exatamente o número de pessoas envolvidas ou seus títulos porque, como eles dizem, "Isso depende." Isso depende de tantos outros fatores, eles insistem. Essa resposta eventualmente irrita a gerência que está presente, e eles sempre perguntam, *"O que você quer dizer com isso depende? Há quanto tempo estamos fazendo isso? Eita. Eu pensei que tínhamos terminado esse assunto. Isso é* basicamente *bloquear e atacar. Vamos continuar. Precisamos concretizar esse assunto."*

Esse tom da gerência frequentemente coloca os vendedores nos calcanhares e num estado defensivo porque eles não gostam de ser "feridos" nas suas especificidades. E eles se sentem genuinamente frustrados com a expectativa na sala, quando, na opinião deles e pela experiência de primeira mão, isso verdadeiramente depende.

Se você executa essa velocidade de colisão, aqui está uma sugestão. Concretize o que eu chamo de estradas laterais. Defina cada cenário possível e concretize cada estrada até o seu final, para a assinatura de um negócio. Em cada estrada lateral, espete a grade definindo em cada passo do seu processo atual como muitas pessoas estão tipicamente envolvidas, os títulos delas, o que está acontecendo e quem está fazendo o que.

Frequentemente, construímos três ou quatro filiais diferentes para os clientes, emanantes dos problemas deles. Aqueles que dizem a você simplesmente que eles não podem concretizar o assunto estão tomando o caminho mais fácil. Se você quer entender por que isso se alonga por mais tempo do que você gostaria para levar o negócio, então, preste atenção nessas filiais. Elas darão a você as respostas às suas questões.

Sem considerar os problemas que você encontrar, mantenha-se movendo para frente até que termine a tabela do seu processo de vendas atual. Então, faça uma pausa e estude as respostas que você colocou na grade. Procure por padrões. Faça perguntas sobre como você reduziria o seu próprio processo.

Existe humor nesse exercício. Em mais do que algumas ocasiões, enquanto executando essa atividade para os clientes, a gerência sênior sentou-se atrás, olhou as respostas na matriz e disse alguma coisa como, *"Santos conteúdos. Eu não tinha ideia. Necessitamos de ajuda se não pudermos fazer melhor do que isso."*

102 | *ATIVANDO RESULTADOS*

Agora o grupo faria o exercício novamente, mas com o foco em como você gostaria que o seu novo processo funcionasse de agora em diante.

O que tenho observado por esses anos é que os clientes começam a notar que, à medida que as reuniões e convocações progridem a partir da reunião um para a dois, então para a três etc., os títulos das pessoas que se tornam envolvidas passam a ser criadores e extravagantes. Assim uma sugestão é ver se você pode reconstruir o seu novo processo para reduzi-lo em pelo menos 20%. Temos ajudado os clientes a encurtar o seu novo processo pela metade, economizando para eles centenas de milhares, algumas vezes milhões de dólares em despesas de vendas. Isso é porque o exercício é valioso e valoriza o seu tempo e atenção para conduzi-lo. Quanto dinheiro você economizaria se pudesse descobrir um caminho, o qual cada um compra para encurtar/reduzir o seu processo de vendas?

Seja rigoroso com esse exercício e mantenha mente aberta. Essa tabela tem aberto os olhos de muitas companhias, ajudando-os a limpar os seus cachimbos e reduzir o seu tempo para um negócio. Nas palavras da campanha da Nike, "Ele simplesmente faz isso".

SEÇÃO DOIS: OS PRINCÍPIOS ATIVADORES | 103

TERCEIRO PRINCÍPIO ATIVADOR
PRIVILEGIE O SEU PROGRESSO

*V*OCÊ AVALIOU O SEU STATUS, ENTÃO, SABE QUAIS OBSTÁCULOS estão atrasando o seu negócio. Você os está resolvendo por conta própria ou obtendo a ajuda que necessita para minimizá-los ou eliminá-los. E você PROJETOU O SEU FUTURO negócio pelo processo de busca ao fazer o exercício Matriz do Bloquear e Atacar por pelo menos duas vezes com o seu pessoal chave, a fim de que tenha um foco mais claro sobre o que necessita ser realizado em cada estágio do seu novo processo com o intuito de dirigir a receita adicional ao crescimento desejado. Esse exercício minimizará o número de surpresas no funil das vendas.

Agora você está pronto para PRIVILEGIAR O SEU PROGRESSO às oportunidades que deseja buscar ao rever a base do seu cliente atual para determinar quais clientes garantem foco e recursos adicionais. O mesmo se aplica aos possíveis clientes chave que parecem lucrativos. Também recomendo rever os planos de ataque da sua indústria vertical para criar caminhos novos e agressivos, fora da caixa, para balançar as árvores nas verticais, onde talvez você não tenha dado tudo de si.

Esse Ativador ajudará você a fazer correções no seu progresso para as oportunidades já no funil que estão se arrastando ou estão silenciosas. Uma vertente de abordagem pode dirigi-las à linha de chegada – ou fora do funil para a conservação de recursos valiosos.

SEÇÃO DOIS: OS PRINCÍPIOS ATIVADORES | 105

Por exemplo, tivemos um cliente, uma empresa de tecnologia de multibilhões de dólares da região central dos Estados Unidos tinha investido cerca de 14 meses em uma das maiores companhias de cabos do país, mas estava essencialmente em lugar nenhum em termos de locomoção em nível executivo. Eles necessitavam de uma vertente de abordagem para criar alguma urgência ao possível cliente, uma vez que esse negócio representava um pedido de milhões de dólares para a equipe. Cada vez que a equipe de vendas solicitava seus contatos diários (no nível de diretor) para uma reunião em nível executivo, ela era efetivamente negada. A gerência sênior do nosso cliente estava ficando perturbada com a falta de locomoção e com o custo do esforço. Eles queriam o negócio fechado ou empurrado para fora do funil.

Então fomos chamados, tal como uma equipe da SWAT, para aplicar esse Ativador e outros nessa oportunidade, e para ajudá-los a fazer com que o negócio fluísse. Tendo a equipe do cliente revisto os detalhes do que tinha acontecido durante um período de mais de um ano, privilegiamos uma nova vertente de abordagem, que lhes deu uma proposição de valor que se comunicou com os cinco executivos seniores mais importantes. Então, ensinamos a eles como usar o quinto princípio para Acessar O Castelo dessa grande empresa de cabos. Eis que meu cliente obteve o seu dia de sol com uns poucos EVPs em uma sala por cerca de 30 a 45 minutos – longos o bastante para expandir-se sobre a mensagem mencionada na sua carta de abordagem. Os Ativadores podem ajudar você a pensar fora da caixa para criar vertentes de abordagem para negócios caídos no silêncio ou parados como esse estava.

Se você ainda está se recuperando das oportunidades que não ganhou, não faz sentido Privilegiar O Seu Progresso por umas perdas durante os últimos seis meses, uma vez que aprendeu como trabalhar com todos os Ativadores juntos? O não fechamento de uma dessas oportunidades teria valido o esforço?

Privilegiando O Seu Progresso pelas cinco categorias listadas no segundo princípio Ativador, Projetar O Seu Futuro, é tão fácil como ir ao modelo do quadro mais próximo, não respondendo o telefone por um dia ou mais, e privilegiado a sua estratégia para ganhar mais negócio em cada uma dessas cinco áreas, tais como os clientes existentes, novos possíveis clientes etc. Isso não precisa ser um exercício longo e elaborado. De fato, pensar por onde aplicar o foco e os recursos adicionais para ganhar negócio adicional é um fortificante.

Alguns comparam esse Ativador com os seus planejamentos estratégicos de contas e procedimentos de revisão e, em um sentido, isso pode ser pensado nesse aspecto. Após ter lido sobre o quarto e o quinto Ativadores, você pode querer emular o que frequentemente fazemos com os clientes – trazê-los de volta a esse terceiro Ativador, mostrando-lhes como "agrupar" certas companhias concorrentes que eles desejam buscar (baseados nas receitas) em cada uma das cinco categorias das Campanhas Ativadoras, tal como certas companhias que abordamos simultaneamente – algo chamado Ativador de Ataque Repentino. Na Seção Três, as duas últimas histórias de Sucesso darão a você exemplos da vida real do poder e do impulso adicional que os clientes ganham ao usar o conjunto de ferramentas do Ativador de Ataque Repentino. Este é um caminho para maximizar poder, eficiências e "aguilhoar" o pacote dos Ativadores, criando ainda mais urgência para o possível cliente ou cliente a atuar sobre a sua oferta/mensagem.

Privilegie O Seu Progresso identificando as companhias nas quais você deseja focar seu tempo e sua energia. Isso ajudará sua companhia a se sentir mais organizada e cada um envolvido nos seus esforços de busca de negócios a saber onde focar a sua energia.

QUARTO PRINCÍPIO ATIVADOR
METRIFIQUE A MENSAGEM

A SEGUIR, VOCÊ ENCONTRA OS CONJUNTOS DAS SETE PROPOSIÇÕES DE VALOR. Usei o primeiro no meu negócio de tecnologia, primeiramente em companhias de grande e médio portes. O segundo faz parte de uma proposição de valor usada por um cliente – uma empresa de serviços de tecnologia de mais de 500 milhões de dólares que compete com a EDS, a IBM, a CSC, a Accenture e outras multinacionais de bilhões de dólares. A Research In Motion usou a terceira mensagem anos antes como uma parte da sua proposição de valor de marketing para o telefone móvel de sucesso surpreendente, o BlackBerry. As proposições de valor remanescentes dão a você exemplos adicionais sobre quais mensagens em outras indústrias poderiam soar tais como se acontecesse de você estar nesses negócios. Cada conjunto representa uma oferta de produto ou um serviço diferente. Leia cada conjunto e determine quais declarações (A ou B) fariam um melhor serviço para atrair a sua atenção e despertar o seu interesse.

Conjunto Um
A: "A nossa solução de discagem preditiva pode melhorar a produtividade (tempo de conversa por hora) do seu departamento de cobrança, porque os cobradores podem alcançar mais devedores durante o mesmo turno."

METRIFIQUE A MENSAGEM

SEÇÃO DOIS: OS PRINCÍPIOS ATIVADORES | 109

B: "A nossa solução de discagem preditiva pode melhorar o tempo de conversação por hora de cada cobrador em seu departamento de cobrança. Estimamos que isso atualmente seja de 18 a 20 minutos por hora, e a nossa solução poderia aumentar isso tanto quanto 45 minutos em cada hora. Isso poderia quase dobrar a produtividade dos seus cobradores – inclusive aumentando os dólares cobrados sem aumentar a sua despesa com mão de obra ou manter o seu nível atual de cobranças enquanto reduz as suas despesas com mão de obra e assistência médica numa faixa de 35% a 45%. A escolha é sua."

Conjunto Dois

A: "Nossa organização tem sido capaz de ajudar os clientes a reduzir o montante que eles gastam anualmente para manter as aplicações dos legados atuais da TI."

B: "Nossa organização tem sido capaz de ajudar certos clientes a reduzir o montante que eles gastam anualmente para manter os seus atuais legados das aplicações da TI de 5% a 15%."

Conjunto Três

A: "Nosso celular pode ajudar a aumentar os níveis de produtividade do suporte profissional das suas vendas de campo e de clientes em cada dia."

B: "Nosso celular poderia "descobrir" um extra de 30 a 60 minutos de tempo adicional cada dia para cada um do suporte profissional das suas vendas de campo e de clientes. Acreditamos que esse tempo extra poderia intensificar os níveis da sua produtividade global na faixa de 5% a 10%"."

Conjunto Quatro

A: "Os clientes que tenham implementado os programas de reconhecimento e de recompensas já tiveram um aumento no desempenho nas vendas dos seus vendedores e na organização de desenvolvimento do negócio."

110 | ATIVANDO RESULTADOS

B: "Os clientes que implementaram nossos programas de reconhecimento e de recompensa já tiveram um aumento de 2% a 5% no desempenho das suas vendas anuais e da sua organização, e das suas vendas e organização de desenvolvimento do negócio. Qual seria aquele nível de aumento significante para a sua companhia?"

Conjunto Cinco

A: "Nossa linha de cereais de granola tem, em média, menos açúcar que as outras marcas líderes de granola, provendo os seus clientes com uma escolha mais saudável."

B: "Nossa linha de cereais de granola tem, em média, 25% menos açúcar do que qualquer outra marca líder de granola no mercado, provendo aos seus clientes uma escolha mais saudável."

Conjunto Seis

A: "Durante meus 30 anos como Planejador Financeiro Certificado, tenho ajudado meus clientes a atingir suas metas únicas, financeira e de aposentadoria".

B: "Durante os meus 30 anos como Planejador Financeiro Certificado, tenho ajudado meus clientes a atingir suas metas únicas, financeira e de aposentadoria um ou três anos mais cedo do que eles tinham planejado originalmente."

Conjunto Sete

A: "Como um Corretor de Imóveis residenciais bem-sucedido, com mais de dez anos no negócio, especializei-me em auxiliar compradores e vendedores a maximizar os seus objetivos quando acontece de morarem na casa do lago nos subúrbios do oeste de Minneapolis."

B: "Como um Corretor de Imóveis residenciais bem-sucedido, com mais de dez anos no negócio, especializei-me em ajudar compradores e vendedores a maximizar os seus objetivos quando acontece de morarem na casa do lago nos subúrbios do oeste de Minneapolis. Para ser mais específico, no ano de 2005, de todos os Corretores

SEÇÃO DOIS: OS PRINCÍPIOS ATIVADORES | 111

que se especializaram no Lago Minnetonka e redondezas, fui classificado como o número três na venda de propriedades de mais de $1,000,000."

MÉTRIFIQUE A MENSAGEM. Acho que você enxerga qual é a posição desse Ativador. Quem está solicitando você para metrificar a sua mensagem? As tendências competitivas globais, os possíveis clientes e seus clientes. Essa seria razão suficiente para considerar seriamente esse princípio Ativador.

Se você quer liderar, deve MÉTRIFICAR A MENSAGEM, sem considerar o seu negócio, a posição que você mantém, os setores da indústria a que você serve, se a sua companhia é uma líder no mercado, ou qualquer outro mercado – produto, serviço, solução ou conceito. Hoje, cada organização deveria ter uma proposição de valor bem definida, clara e decisiva, contendo alguma forma de métrica (se possível) para cada produto, serviço, solução ou causa que ela representa.

Em face da comoditização percebida das ofertas de muitas companhias, possíveis clientes e clientes frequentemente acreditam que eles podem obter a mesma coisa de pelo menos dois outros provedores, como eles podem obter de você. Sem considerar se isso é verdadeiro, eles percebem que esse é o caso. E, nesse caminho, eles exercem alavancagem sobre a sua empresa. Algumas vezes isso se mostra por si mesmo na crença deles de que não *necessitam* ver ninguém da sua companhia inicialmente, se constantemente. Em vez disso, eles preferem saber sobre as ofertas da sua companhia através do seu *site*, a internet, ou qualquer garantia que você encaminhe a eles.

Pense nas vezes no último mês em que você puxou um cliente ou possível cliente de forma muito agressiva para uma reunião e ele disse alguma coisa como, *"Isso está OK. Eu aprecio o seu interesse na reunião, e em algum ponto nós provavelmente necessitaremos fazer isso. Mas, agora, acho isso prematuro. Por que você não manda a informação que gostaria que revíssemos, para definir comigo em duas ou três semanas, e eu considerarei isso a partir daí, tudo bem?"*

112 | ATIVANDO RESULTADOS

Os clientes e os possíveis clientes podem ver as ofertas da sua companhia como intercambiáveis com os seus concorrentes. Isso deveria motivar você a revisitar as proposições de valor das suas ofertas para garantir que elas estão condensadas, impulsionadas, facilmente compreensíveis, contendo alguma forma de métrica financeira que descreve o valor ou resultado aproximado que suas ofertas podem produzir. Dessa forma você será capaz de apresentar suas ofertas tão frequentemente como necessárias para atingir seus objetivos de receita.

Baseadas no que tenho experimentado em anos de provimento desses programas de treinamento e sessões de consulta, muitas organizações *desmentem* que estejam necessitando melhorar suas proposições de valor ao colocar métricas financeiras em suas mensagens. Essa atitude tem sido a seguinte: *"Primeiramente, vamos chegar à porta e atrair o cliente ou possível cliente, então, ele nos dirá o que está pretendendo fazer. Por isso, não vejo a necessidade de estimular nossas mensagens, quando eles de qualquer maneira vão nos dizer o que é importante para eles."*

Dada a natureza de quão competitivas as coisas se têm tornado em quase toda a indústria, essa linha de pensamento é *um terrível erro*. Isso é uma atitude preguiçosa que impactará negativamente os seus ciclos de fechamento e o custo das vendas ao alongar o seu tempo para um negócio. Sem definir claramente os benefícios ou resultados métricos que as suas ofertas poderão proporcionar, você não será capaz de acessar as pessoas que têm o poder de fazer as coisas acontecerem tão rápido como você deseja. As proposições de valor de elegante sonoridade sem quaisquer métricas são uma das razões primárias por que você pode não estar obtendo "as reuniões de poder" que você quer e das quais necessita para fechar mais negócios num prazo mais curto.

Como as escolhas aumentam, isso se torna *muito* mais difícil para os possíveis clientes e clientes discernirem quaisquer diferenças reais entre provedores disponíveis. Quando isso acontece, eles começam a buscar substância entre todas as reivindicações do provedor. Os executivos seniores e os proprietários chamam isso de DENTES, ou métricas financeiras.

Diante de os clientes estarem enfrentando uma dificuldade crescente de tempo ao decifrar os benefícios de uma alternativa sobre outra,

SEÇÃO DOIS: OS PRINCÍPIOS ATIVADORES | 113

eles frequentemente selecionam a opção que pode mais facilmente justificar "os poderes" dentro da sua companhia. Isso significa que eles procurarão primeiramente os DENTES. Se não estiverem presentes na mensagem, não perguntarão por que. Em vez disso, ignorarão a sua mensagem e se dirigirão para aquelas companhias que oferecem algum tipo de métrica. Eles querem ser capazes de comparar as opções disponíveis mais facilmente, aprofundando-as, se necessário, de forma que eles possam tomar uma decisão.

As pessoas que você quer abordar numa base em curso estão colocando maior âncora e credibilidade em provedores que gastam tempo para calcular e então explicar numa forma coesa e articulada as métricas da sua solução. Muitas organizações lutam nessa área, porque pode ser um desafio ganhar contratos dentro da organização e sobre como os DENTES agirão para cada uma das suas ofertas.

As métricas, nas suas proposições de valor, tornam-se cada vez mais críticas para ganhar acesso ou exposição em nível executivo em um cliente atual ou possível cliente. Isso é porque o dinheiro está em primeiro lugar nas suas mentes no pacote executivo. Eles querem entender rapidamente como suas ofertas poderiam impulsionar positivamente os preços das ações, os níveis de débito, os níveis de satisfação do cliente, os padrões governamentais, o mercado de ações, a margem e o quociente de lucros, os padrões de qualidade, os níveis de retenção do cliente, a agilidade ou a racionalização e a redução da exposição legal. A lista poderia prosseguir e ir mais além. A chave é articular em quanto a sua oferta poderia impulsionar quaisquer desses fatores e, se assim o for, em que faixa? Uma vez que os vendedores-provedores tipicamente não *lidam* com esse tipo de proposição de valor (porque eles acham que não precisam disso), eles frequentemente são os primeiros a serem convidados a apresentar suas ofertas – uma outra razão por que você discutiria a importância deste Ativador com os seus colegas.

Durante anos executando treinamento, gerenciamento e consulta de proposição de valor em sessões com a gerência sênior, desenvolvemos uma metodologia que tem ajudado clientes pequenos, de médio porte e multinacionais a desenvolver mensagens em toda a empresa, em nível de controladoras para companhias que têm múltiplas unidades de negócios. Essas mensagens articulam os benefícios financeiros de fazer negócios com eles em um nível da totalidade da empresa. Tem sido extremamente benéfico ajudar clientes tão grandes, negócios de muitos anos que incluem produtos e serviços das suas várias ou totais unidades de negócios. Esse estilo de venda de "grandes negócios" também delicia os departamentos de mediação dos seus clientes, porque podem usufruir mesmo das maiores economias da escala. Em aditamento, você, o provedor, tem realmente uma melhor chance de reunir-se com as pessoas mais importantes, simplesmente porque os mandados de condução do negócio necessitam de maior atenção do topo.

A mesma metodologia para condensar e articular as métricas que deveriam estar contidas nas suas proposições de valor devolvidas também se aplica no nível da unidade do negócio. Esse processo provado pode melhorar, resumir e articular as mensagens através da essência das ofertas para uma das suas unidades de negócios.

Eis um exemplo de uma proposição de valor em nível global da empresa que nos ajudou a criar uma das nossas tecnologias para os clientes – uma companhia com mais de 500 milhões de dólares em receitas anuais, e respeitada por mais de 20 anos. Eles usaram essa mensagem de forma muito efetiva. Note que é prolixa e não fala diretamente a qualquer produto, serviço ou solução específica. Em vez disso, ela encapsula (em alto nível, os termos leigos, os quais os grandes executivos compreendem) muitas das suas ofertas, informando essa mensagem aos mais altos níveis das companhias alvo, ajudando-os a dirigir negócios maiores num horizonte de tempo mais curto. Aqui está a proposição de valor deles:

> Se você engaja um relacionamento de negócio com a nossa organização, podemos, com nossas capacidades, nosso conjunto de habilidades, nossa experiência e mais do que 40 ofertas diferentes, ajudar você a:

1. Retirar entre 5% a 15% do montante de dinheiro atualmente sendo gasto por ano ou mantendo o seu atual legado de aplicações da TI.

2. Melhorar a qualidade das aplicações dos níveis de serviço do legado atual em 10% ao ano.

3. Tomar esse "pedaço" recentemente encontrado que nós temos justamente "liberado" e reimplantá-lo ajudando a criar, implementar e gerenciar o seu mapa de estrada de comércio eletrônico, dando a você soluções de comércio eletrônicas voltadas para o cliente nos processos da TI que ajudarão o seu negócio a se tornar mais claro, mais rápido, mais flexível e mais lucrativo.

Dito em português claro: *"Sem nenhum centavo gasto em seu orçamento total de TI, descobrimos – dentro do nosso atual orçamento anual de TI – entre X e Y milhões de dólares que ajudarão você a reinvestir esses dólares em soluções de comércio eletrônico que lhe darão maior controle, a fim de que possa dirigir os seus negócios a ficarem mais enxutos, mais rápidos, mais flexíveis e mais lucrativos."*

Imagine-se sendo o receptor dessa mensagem. Você pegaria a sua calculadora, faria algumas estimativas sobre como seria o impacto financeiro dessa mensagem na sua companhia – baixo, alto – e tomaria uma decisão relativamente rápida sobre se você gostaria de visitá-los ou não. E isso é *exatamente* o que acontece quando os executivos mais importantes recebem essa espécie de proposição de valor no nível global da companhia. Ela atrai a atenção em muitos instantes. A parte difícil é tentar descobrir a mensagem primeiro. Isso é o que você necessita focar se espera fazer maiores negócios num horizonte de tempo mais curto. O seu trabalho na fase inicial é acertar as contas se as suas proposições de valor revelam alguns DENTES reais que você pode copiar.

Esse tipo de mensagem causa muita discussão entre os níveis seniores de possíveis clientes e clientes, porque, no final do dia, se trata de dinheiro – alguma coisa que *todos* têm em comum. Os receptores não podem necessariamente *acreditar* na sua mensagem, mas em nenhum sentido, esse não é o ponto; ele ajuda a fazer com que a sua mensagem seja discutida e debatida com as pessoas que você elege como alvo. Note que as mensagens não tratam de características e benefícios das suas ofertas, o que é o caminho que nós todos temos ensinado para vender.

Esse tipo de mensagem para empresa global pode ser gerado, sem considerar o negócio em que você está: hospitalidade, viagem, reuniões e incentivos, manufatura, serviços financeiros, acessórios médicos, tecnologia, serviços de gerenciamento, contabilidade e auditoria interna etc. Temos ajudado companhias nas áreas de pessoal, tecnologia, telecomunicações, serviços financeiros e outros setores a criar mensagens que geram mais urgência junto aos executivos-chave em companhias alvo.

Existe uma outra grande tendência que se tornará consideravelmente mais pronunciada nos anos futuros. Já aludi a isso: as grandes companhias a que você serve estão *demandando* que os provedores racionalizem as suas operações de vendas e reduzam os montantes das divisões de vendas/pessoal que os visitam. Eles estão manifestando o seu descontentamento por serem "atacados" pelas equipes de cada divisão de vendas, e querem que esse número seja reduzido.

Basicamente, eles estão solicitando que os provedores façam um trabalho de vendas melhor e maior ou *todas* as suas ofertas com muito menos vendedores. Querem que quem os visite seja capaz de falar inteligentemente sobre *tudo* o que a companhia tenha para oferecer. *Imagine o quê?* Esse é um sinal extremamente forte dos seus clientes de que eles querem que você venda a eles numa forma de empresa global. Isso acontece porque as proposições de valor elaboradas financeiramente estão se tornado mais e mais necessárias para o seu crescimento e sucesso de receita sustentada.

METRIFIQUE A MENSAGEM. Ajuda os possíveis clientes e clientes a entenderem fácil e rapidamente por que as suas ofertas são uma escolha melhor do que as alternativas comunicando os resultados financeiros que a sua oferta pode prover.

Oferecemos assistência nessa área por meio de oficinas executivas, programas de treinamento e guia de consultoria. Para mais informações, favor ver a parte final do livro.

QUINTO PRINCÍPIO ATIVADOR
ACESSE O CASTELO

*V*OCÊ AVALIOU O SEU STATUS, PROJETOU O SEU FUTURO, PRIVILEGIOU O Seu Sucesso E Metrificou Sua(S) Mensagem(ns) em um nível de empresa global e para a essência das ofertas de cada unidade de negócio. Os clientes que implementaram esses Ativadores experimentam uma excitação geral dentro das suas organizações, porque seu nível de preparação é superior ao normal. Eles estão prontos para o próximo passo e acreditam que podem "tomar qualquer castelo!" Esse Ativador ajuda sua companhia a abordar efetivamente as oportunidades do possível cliente e do cliente em andamento, no curso em que você privilegiou o seu negócio – diminuindo o seu tempo para um negócio.

O quinto Ativador é 100% dedicado ao *acesso*. Isto é, pelo uso de uma metodologia direta, honesta e ética, provada no campo, baseada psicologicamente na obtenção de uma reunião, chamada para conferência, videoconferência, conversação por e-mail ou qualquer outra forma de acesso com os tomadores de decisão. Esse é o melhor conjunto de ferramentas práticas que assume o trabalho feito por você com os primeiros quatro Ativadores, e lhe dá um mapa da estrada para mais eficientemente se iniciar com aqueles tomadores de decisão que podem puxar o gatilho das suas ofertas se eles gostarem das suas proposições de valor. Esse sistema passo a passo pode prover a você um acesso mais rápido, mais efetivo, às pessoas que você quer e a quem precisa se expor para ter a oportunidade de fazer mais negócios. Você

120 | ATIVANDO RESULTADOS

não pode ter sucesso com uma simples, dupla, tripla *batida*, se não sabe como bater. Esse Ativador lhe dará *"mais velocidade nos bastões"* na audiência com os tomadores de decisão que você deseja.

Dado o clima negocial na maioria dos setores da indústria, muitos clientes relatam que obter acesso aos tomadores de decisão certos tem se tornado gradualmente mais difícil e se estendido mais do que anteriormente. E com os negócios que eles têm perdido, os clientes frequentemente acreditam que isso se deu porque não tinham "seus braços em volta" dos tomadores de decisão chave.

Usualmente isso não é tão difícil, se você for o CEO ou outro executivo mais importante, para obter acesso aos níveis que deseja. Você tem poder, título e autoridade para pegar o telefone e fazer isso acontecer. Mas *esse* não é o caminho para o seu pessoal. *Não é para todos*. Eles não portam o mesmo título ou nível de comando e controle. Assim, a menos que você planeje fazer *todas* as introduções para *todos* os seus desenvolvedores de negócios, preste atenção a este Ativador, porque ele funciona.

Muitos dos nossos clientes gastam muito tempo com pessoas que reivindicam ser os tomadores de decisão, somente para saber mais tarde que, no jogo, na melhor das hipóteses, essas pessoas são consultores glorificados. Os tomadores de decisão reais são usualmente as mais altas funções da companhia, atrás de numerosos assistentes executivos, manipuladores e bloqueadores. Esse Ativador tem ajudado nossos clientes e centenas de outras companhias a fazer a conexão direta mais rápida.

Não importa em que negócio você está; não há dúvida de que você deseja que o seu melhor tiro seja ouvido e considerado pelos poderes adequados. De fato, cada cliente que passa pelos nossos programas de treinamento com esse Ativador mantém a crença de que *"Se tivéssemos apenas obtido o mais alto, as pessoas que preferimos ter de frente, precocemente no nosso processo, poderíamos avaliar e fechar o negócio mais rapidamente e economizar dinheiro com nossos custos de venda ao mesmo tempo."*

SEÇÃO DOIS: OS PRINCÍPIOS ATIVADORES | 121

Um problema que impede o crescimento da receita, alongando o tempo da companhia para fechar um negócio, está penetrando de forma demasiado vagarosa no planejamento das companhias que pretendem angariar tensão sobre ele. A razão por que elas estão extremamente vagarosas é porque os indivíduos de poder, autoridade e controle do orçamento se relocaram para uma parte diferente da companhia – tipicamente mais alta. Mas a sua força-tarefa tem agora os meios de como fazer o ajuste.

Se você revisar a Matriz do Bloquear e Atacar para como gostaria que seu novo processo de abordagem trabalhasse, onde estão localizados os seus tomadores de decisão? Exatamente onde eles estão escondidos no castelo? Dá um bom sentido ao negócio visitar esses indivíduos ao final? Como fazê-lo se você jamais fez isso nesse ponto? Em que tipo de audiência você precisa estar para aumentar as probabilidades de fechamento em menos tempo?

Reveja o seu debate nos sétimo e oitavo obstáculos (O seu Nível de Entrada e Engajamento nas Organizações do Cliente e do Possível Cliente e A Inabilidade de Articular as suas Proposições de Valor aos Tomadores de Decisão Reais) com outros na sua companhia. Suas decisões acerca de como você deseja entrar numa organização planejada – e com que mensagem – são críticas para a sua habilidade de reduzir o tempo em um negócio. Essas decisões devem ser bem pensadas. Isso se resume na velocidade com a qual você deseja tentar fechar as oportunidades. Este é o motivo pelo qual a Matriz de Bloquear e Atacar é útil, ajudando você a analisar com os executivos com os quais você está planejando se reunir no seu esforço de reduzir seu(s) ciclo(s) de fechamento.

Não é apropriado ir direto ao topo todo o tempo, porque isso depende do estágio do processo de cortejo. Contudo, há evidência sugerindo que, se você deseja obter alguma coisa feita mais rápido, vá ao topo.

Agora, relaxe. O ACESSO AO CASTELO não é a solução apropriada a todas as necessidades de abordagem. Claramente, a abordagem de referência é um método tentado e verdadeiro para ser introduzido para

122 | *ATIVANDO RESULTADOS*

ver pessoas, mesmo que isso não funcione todo o tempo. A abordagem de referência também pode demandar algum tempo e ser um tanto cara. E, apesar de obter uma referência, você, numa audiência, em muitos casos, considera que ela é a audiência certa? Essa é a audiência que ajudará você a navegar dentro do labirinto de pessoas e divisões, propriamente representando a sua mensagem ou a sua referência, que poderá levar você a um final mortal? De acordo com o que escutamos dos clientes, isso acontece muito mais frequentemente do que eles gostariam de admitir.

As companhias de sucesso identificam múltiplas trilhas que eles podem seguir, e estão preparados para múltiplos cenários. Considere o Acesso Ao Castelo como um método poderoso – outra ferramenta a ser usada quando a necessidade se apresenta por si mesma e você quer ação. Lembre-se, identifique se essa é a ação que você quer e vá onde a ação usualmente está – tipicamente, pelo menos meio caminho até o castelo, se não próximo ou no topo.

O Acesso Ao Castelo se refere a um processo provado no campo chamado Sistema do Círculo de Abordagem – ou COL. Essa metodologia da melhor prática ajuda mais rápida e efetivamente a ganhar acesso ao indivíduo ou grupo com o qual você deseja uma entrevista. Isso tem rendido resultados surpreendentes para as organizações que o têm usado, frequentemente se tornando o seu modelo preferido para ganhar acesso aos possíveis clientes e clientes. Provemos programas de treinamento nesse sistema, porque o processo deve ser endereçado e calibrado propriamente para a(s) audiência(s) alvo, baseado no produto, serviço ou solução do provedor e nas proposições de valor da empresa global ou da unidade de negócio que eles desejam utilizar imediatamente.

Aqui estão as premissas subjacentes por detrás do Sistema do Círculo de Abordagem:

1. Em qualquer dia, os possíveis clientes e clientes não estão interessados em conceder acesso (uma entrevista, chamada para conferência, *web-x* ou videoconferência), e assim eles podem saber mais sobre como a oferta do seu produto, serviço ou solução poderia ajudá-los e à sua organização.

2. No mundo de negócios atuais, a abordagem de um indivíduo em uma ocasião dentro de qualquer companhia tem-se tornado muito menos efetiva e frequentemente um desperdício de tempo para o possível cliente. Isso é porque as decisões não são frequentemente tomadas por um indivíduo sem considerar o que está sendo representado. As decisões são tomadas em grupo, equipes, comitês ou forças-tarefa. Isso tem se tornado uma nova norma. Contudo, a abordagem de uns poucos indivíduos cuidadosamente selecionados um de cada vez tem provado ser mais efetiva, produtiva, eficiente quanto ao custo (para ambos os lados) – e consistente nos processos de tomada de decisão comumente aceitos das maiores, grandes e pequenas companhias.

3. Os benefícios líquidos do produto, serviço ou da solução (sem considerar quão legítimos eles podem ser) raramente proveem suficiente urgência ou mais incentivos para os possíveis clientes e clientes para conceder acesso, a fim de que eles possam ouvir a sua apresentação. O poder de escolha deles é demasiado grande, e o nível de confiança usual incrivelmente baixo.

4. Descobrir e ganhar acesso a mais do que um líder, padrinho executivo ou consultor interno mais cedo no processo de cortejo atualmente ajuda o possível cliente ou cliente a tomar decisões com um nível mais alto de conforto – aumentando a probabilidade do fechamento de maiores negócios e reduzindo os seus ciclos de fechamento e o custo das vendas.

5. Fazer o seu trabalho de casa ou a pesquisa de experiência sobre a entidade que você deseja abordar (se com somente valiosos 15 minutos), em vez de obter a entrevista e esperar que o possível cliente instrua você quanto ao negócio, ajuda a planejar oportunidades mais efetivamente. Isso também é uma abordagem mais respeitosa, armazenando mais credibilidade e conformidade com os possíveis clientes e clientes.

6. Demanda-se um forte nível de confiança da sua oferta de produto ou serviço. Você deve sentir que as suas ofertas são valiosas para o tempo e a atenção da audiência certa.

124 | *ATIVANDO RESULTADOS*

Em suma, o Sistema COL é uma abordagem planejada para simultaneamente colocar a(s) sua (s) proposição(ões) de valor de frente para os múltiplos indivíduos que você selecionou. Você fará isso por carta, via correio de voz ou e-mail, proposição de valor de "radiodifusão" do seu produto e serviço – solicitando orientação e assistência na concessão de uma audiência com eles – ou sendo dirigida a pessoa(s) que você sinta que é (são) indivíduo(s) "apropriado(s)" para ouvir o seu discurso de vendas.

Frequentemente, os indivíduos a quem você apela têm as suas próprias agendas no topo da agenda da companhia, apesar de todos eles trabalharem para a mesma empresa. Contudo, cada pessoa pode responder diferentemente às proposições de valor que você descreve. Daqui, eles frequentemente *não podem decidir* como um grupo no qual a pessoa ou pessoas mais apropriadas manipulam a solicitação para uma entrevista.

Essa discussão e debate internos são *designados* para acontecer e são partes de como o Sistema COL trabalha. Se você pensa sobre isso, o que eles estão discutindo e debatendo? As proposições de valor que você colocou perante eles. Esse processo não somente ajuda você a ganhar um acesso mais rápido, mas pode aumentar o número de pessoas nas suas reuniões, o que é uma boa coisa, uma vez que a maioria das organizações toma decisões em grupo ou equipe.

Aqui está um exemplo de um cliente que usou o Sistema COL para não só obter acesso às companhias de petróleo de bilhões de dólares, mas também, simultaneamente, para elevar o nível das conversações à comitiva executiva – cinco a seis níveis *acima* de onde eles tipicamente "aterrissam" em possíveis clientes multinacionais.

O cliente era uma empresa pequena, privada, detentora de processo de documentação com renda abaixo de dez milhões. O seu nicho: escaneamento, imagem e armazenagem eletrônica de documentos em emissão para as companhias envolvidas num litígio de grande escala. Isso significou que eles tipicamente planejaram grandes companhias com várias camadas de tomadores de decisão e consultores.

Quando fui contratado, eles estavam obtendo cerca de um dólar por página para os seus serviços, planejando assim uma companhia

SEÇÃO DOIS: OS PRINCÍPIOS ATIVADORES | 125

com dez milhões de documentos para emissão; era uma oportunidade de dez milhões de dólares.

A intensa competição na indústria fomentou uma certa percepção de comodidade nos grandes compradores desses serviços. Sua atitude era de que esses vendedores eram "um centavo de uma dúzia". Como resultado disso, essa empresa foi tipicamente relegada a negociar com um assistente de baixo nível para um assistente, para o assistente do vice-presidente e conselheiro geral associado ou com o equivalente dessa pessoa e com o conselheiro externo do possível cliente. Eles foram usados para chutá-la para dentro das companhias do cliente e do possível cliente.

Uma parte do Sistema COL, a carta padrão, que você lerá brevemente, foi designada e calibrada para "aterrissar" o nosso cliente, no escritório do conselheiro geral de enorme conglomerado de petróleo, criando suficiente interesse e urgência para garantir uma reunião de 30 minutos pessoalmente com aquela pessoa. Isso lhe possibilitou apresentar a sua oferta e esperançosamente ter o direito para concorrência num projeto atual ou futuro.

A seguir há uma parte da carta padrão do COL. Note quão diferente ela é da carta padrão do negócio que todos temos sido ensinados a escrever. Esta carta foi enviada (via correio regular de primeira classe dos EUA) a cinco executivos seniores dentro de cada companhia de petróleo de multibilhões de dólares dos EUA; o CEO/presidente, o CFO, o VP das finanças, o conselheiro geral e o conselheiro geral associado a cargo da concorrência.

Em alguns casos, o nosso cliente estava planejando como alvo até cinco companhias de petróleo simultaneamente com este sistema como parte da Campanha de Ataque Repentino do Ativador. Esta abordagem ajudou a criar ainda mais urgência para responder. Aqui estão as primeiras duas seções da carta que foi enviada às seguintes pessoas, cujos nomes são fictícios:

O CEO e presidente – Bob Jones
O CFO – Mary Thompson-Lee
O VP de finanças – Kathleen Van Patten

126 | *ATIVANDO RESULTADOS*

O conselheiro geral – Michael Stevens
O conselheiro geral associado/concorrência – Deborah Roth

Prezado Sr. Jones:
O Sr. não me conhece, nem temos qualquer credibilidade com o Sr. ou qualquer relacionamento atual de negócio com a sua organização, mesmo apesar de atualmente prestarmos nossos serviços a organizações do seu porte, tais como ...., ... e ....

Nos dias de hoje, em face de as mais importantes decisões dentro das companhias serem tipicamente analisadas e feitas em grupos, estou escrevendo para o Sr., as Sras. e Srs. Mary Thompson-Lee, Kathleen Van Patten, Michael Stevens e Deborah Roth para saber de cinco dos Srs. quem o Sr. acha ser a pessoa sênior mais adequada com quem trataríamos em relação à programação de uma apresentação em pessoa, de 30 minutos, dentro das próximas duas ou três semanas para demonstrar como a nossa organização poderia ajudar o Sr. a fazer três coisas:

1. Reduzir o seu custo total de escaneamento, imagem e armazenagem de todos os documentos para emissão e atualmente ativos ou em concorrências próximas e assuntos correlatos, em 10% menos do que você gasta atualmente.

2. Manter a mesma velocidade, qualidade, integridade do documento e capacidade na instalação que você usa atualmente.

3. Prover uma central segura, repositória dos documentos para toda a necessidade de acesso do conselho à documentação e da população interna e externa.

Essa foi a seção de abertura da carta que articulou os DENTES dentro da proposição de valor da empresa, imediatamente. As cinco pessoas seniores que receberam a carta não sabiam quem gostaria de encontrar com quem, porque você não disse. Em vez disso, a carta pergunta-lhe quem ele acha que seria o mais apropriado para manipular essa reunião potencial. Primeiro, esse tipo de solicitação causa discussão entre eles, porque não podem concordar sempre sobre quem manipularia isso. Em segundo lugar, eles estavam discutindo *a sua proposição de valor* e se eles sentiam que precisavam disso, ou tinham algum interesse nisso de algum modo. No entanto, essa abordagem cria muita discussão, debate e algumas vezes desacordo entre aqueles que você planejou. Isso é uma boa coisa, porque, como a sua carta está irrompendo em volta, cada receptor está debatendo se uma reunião é necessária ou desejada ou não e, se positiva, quem seria incumbido de manipulá-la.

Agora, uma palavra de advertência. O Sistema COL é um processo calcado psicologicamente envolvendo um componente de acompanhamento, razão pela qual os clientes obtêm treinamento – a fim de que eles possam customizar o processo em volta da essência das suas ofertas e clientes e possíveis clientes alvo.

Basta dizer que o Sistema COL proporcionou várias reuniões (taxa de sucesso de 50%) com o escritório do conselheiro geral dentro das enormes companhias de óleo – e com os executivos que tipicamente não se encontram com os vendedores do processo de documentação porque acham que isso realmente não compensa o seu tempo. Alguém muito mais abaixo na organização tipicamente manipula isso. Contudo, em face de a mensagem pela carta ter oferecido um valor financeiro concreto, nosso cliente foi capaz de fechar alguns negócios satisfatórios muito rapidamente, em comparação ao seu processo de abordagem padrão, pré-COL. Isso porque o tomador de decisão *primária* – a pessoa com o poder, a autoridade e o controle sobre o orçamento para fazer isso acontecer – estava presente.

Favor lembrar-se de que essa é uma pequena parte do que uma carta COL completa pode ser. Existem numerosas versões que podem ser usadas, dependendo dos objetivos do cliente. No entanto, a minha consultoria é não ir à frente de você mesmo e pensar que este Ativador é alguma pequena e limpa carta "armadilha". A razão é que temos um programa de treinamento de três dias sobre esse Ativador – e a razão de muitas das quinhentas companhias da *Fortune 1000* terem investido dólares reais ao enviar os seus produtores para aprender o processo – é porque esse é um conjunto de ferramentas da melhor prática que porta uma filosofia profunda, baseada psicologicamente sobre quem dirige as pessoas que *querem* ver você. Ensinamos esse processo mostrando aos clientes como usar a ferramenta, baseados nas companhias e nos

128 | *ATIVANDO RESULTADOS*

níveis dos executivos aos quais eles desejam mais acesso e exposição. Esse conjunto de ferramentas provadas deu-me acesso a Bill Gates e outros CEOs das companhias da Fortune 1000 que notaram o poder de precisão destes pacotes de Ativadores.

Existem numerosas variações e níveis de força acerca do uso do Sistema COL como uma estratégia de abordagem efetiva para a miríade de possíveis clientes, clientes atuais e cenários em andamento. Isso ocorre porque oferecemos três níveis de treinamento desse processo de abordagem referentes aos sérios problemas sobre o desejo de diminuir os ciclos de fechamento deles. Você aprenderá pelas várias versões das matrizes do COL designadas como enfrentar os diferentes desafios relacionados ao ganho de acesso e exposição às audiências desejadas. Cada matriz pode ser sintonizada e customizada para os objetivos do usuário, baseada na situação em mãos. Isso aumentará a probabilidade de ser ouvido pelos indivíduos certos. As campanhas da indústria vertical e as ações rápidas sobre as oportunidades planejadas como alvo, onde um punhado de companhias abordadas simultaneamente são exemplos dos diferentes cenários nos quais o Sistema COL, podem ser muito eficazes. Cada aplicação tem uma matriz COL – essencialmente, um modelo específico no qual a metodologia pode ser adaptada para um impulso maior.

Milhares de indivíduos também usam o Sistema COL para descobrir um emprego novo ou diferente. Ele é uma ferramenta soberba por si mesmo ou em conjunto com uma opção *on-line* ou empresa de pesquisa de executivos. Ele também é útil para acessar pessoas difíceis de atingir, tais como médicos muito conhecidos, pessoas da mídia, políticos, membros de conselhos etc.

Para mais informações sobre os programas de treinamento acerca deste Ativador, visite www.accelerantinternational.com.

HISTÓRIA DE SUCESSO DO ATIVADOR: REFERÊNCIAS DE ROCHA FIRME QUE NEM SEMPRE OSCILA OU ROLA

Durante os precoces anos da nossa companhia de treinamento e consultoria, eu estava faminto por algum negócio na indústria de seguro, especialmente os maiores: de vida, propriedade e as seguradoras de acidentes. Jamais tendo explorado essa indústria, eu me dirigi a um dos meus mentores, o presidente da North American Life, uma das maiores companhias de seguro nas Twin Cities, naquela ocasião, e agora parte da Allianz.

Apresentei a minha história e perguntei se ele gostaria (uma vez que era um advogado do Sistema COL) de me introduzir ou me dar uma referência ou duas para alguns dos seus observadores que operavam com outras companhias de seguro pelo país (a sua empresa não era um possível cliente, pois ele vendia as suas linhas de seguro).

Diante do relacionamento que desenvolvemos por muitos anos, ele disse que me recomendaria ao presidente da The Equitable Life Insurance Company of America (agora AXA Equitable), com matriz em Nova York. Disse que eles se respeitavam um ao outro e que ele escreveria uma carta instando-lhe a considerar como eu poderia prover o meu "programa de treinamento de acesso" aos seus mais de cinco mil vendedores de campo, em todo o país.

Fantástico! Naturalmente, aceitei. Meu mentor escreveu a carta ao presidente da The Equitable, instando-o a considerar a minha visita para discutir como eu poderia prover valor à sua organização ao reduzir o seu tempo num negócio, ajudando seus produtores a atingir os tomadores de decisão chave que eles tinham como alvo da forma mais rápida e efetiva.

Então a carta seguiu. Seu assistente executivo telefonou-me para dizer que isso aterrissaria em Nova York numa data "x", e que eu seria chamado dentro de uma semana ou mais. *Perfeito*, pensei. Não necessito

130 | *ATIVANDO RESULTADOS*

das minhas próprias ferramentas para chegar à porta da The Equitable. Estou indo falar com o presidente e CEO de uma das maiores seguradoras de vida da nação. Então, coloquei as minhas "ferramentas" no bolso e não me importei com a minha própria metodologia – o meu sistema próprio e provado para obter acesso, porque basicamente não precisava disso, certo? Indaguei, para quê? Eu estava usando uma das mais antigas, mais efetivas e mais aceitas formas de obter uma apresentação que existe no planeta – a *referência* da confiabilidade dos bons e velhos tempos. E essa não era uma referência comum, mas uma entre dois observadores que competem na mesma indústria, mas que também respeitam um ao outro.

Pensei que isso era uma prova de bala. Eu teria a minha oportunidade para persuadir o presidente, mesmo que isso fosse por uns poucos e breves minutos, e, se ele ficasse intrigado, talvez eu fosse introduzido a uma das suas pessoas chave a fim de que tivesse a oportunidade de, pelo menos, apresentar minhas ofertas em pessoa numa data posterior, e obter uma resposta relativamente rápida de quando eles estariam abertos para um ou dois programas iniciais como um teste piloto.

Perfeito – Perfeito – Perfeito. Acompanhei a carta, como dirigido, mas fui rapidamente "encaminhado" por um dos seus assistentes executivos a uma pessoa de nível mais baixo na Equitable University – a unidade de treinamento e educativa da companhia, que opera numa cidade diferente. Perguntei ao assistente se o presidente tinha visto a carta que me referendou a ele, e disse que, se ele estivesse disponível para conversar por uns poucos minutos – ou se ele não estivesse –, seria possível marcar uma convocação para conferência de cinco minutos com ele para discutir a carta recebida do presidente da North American Life in Minneapolis. Não recebi uma resposta direta, realmente. Suspeito que o CEO jamais *tenha visto* a carta, mas de alguma forma ela foi internamente encaminhada pelo assistente do CEO à *pessoa apropriada* que a manipularia ou examinaria as minhas ofertas.

Que frustração. Jamais falei com o presidente, nem realmente soube se ele viu a carta, porque eu não queria pressionar o assistente executivo – e, de repente, fui encaminhado para outra cidade, para "alguém" de nível mais baixo, quando soube que o presidente não era efetivamente

SEÇÃO DOIS: OS PRINCÍPIOS ATIVADORES | 131

o lugar correto para começar. Na maioria dos casos, eu certamente concordaria. Mas esse não era o caso típico. Eu tinha tido uma *referência* pessoal, direta. Não estava esperando a dispersão.

Fiz o que foi dito, acompanhando o indivíduo que me foi designado, e fui basicamente desligado e arrancado. Mesmo com uma referência de um presidente de uma diretoria para outra fui basicamente *bloqueado* – intencionalmente ou não, eu jamais saberei – por seus assistentes executivos. Isso já aconteceu com você?

Uma ocorrência confusa e algumas vezes irritante, não é? Certo ou errado, contei ao meu mentor sobre a minha não entrada e sobre ser encaminhado para uma área onde eu não queria ir, vendo se ele pegaria o telefone e chamaria o Joe. Mas, sem sorte. Ele considerou, "Se essa é a área por onde eles querem que você inicie, então é por onde você precisa começar."

E agora, o que fazer? Decidi esperar seis meses e, então, voltar. Mas, dessa vez, usei meu próprio Sistema COL para ver se eu obteria alguma tensão do topo de uma das maiores e mais respeitadas companhias de seguro do país.

Elaborei a minha carta COL para cinco executivos seniores da The Equitable: o presidente, o CFO, o EVP, o SVP e o VP de vendas/ agência de operações mundiais, informando-lhes que há cerca de seis meses eu tinha sido recomendado pelo presidente da North American Life em Minneapolis ao presidente da The Equitable, porque ele achou que nossas ofertas eram valiosas para serem consideradas um benefício em potencial para a sua considerável força de campo na produção de negócios maiores e reais.

Na forma clássica do modelo específico, após seguir o escritório do presidente, eu soube que ele tinha visto a carta, e que ela tinha sido encaminhada ao seu assessor direto, o EVP e executivo chefe da agência para manipulá-la, e que eu deveria acompanhá-lo, conforme a diretiva do presidente. Eu assim o fiz, mas não antes de ser primeiramente acompanhado pelo assistente executivo ao CFO para saber se ele tinha visto a sua carta e se ele estava interessado em agendar uma convocação para conferência de cinco minutos. Pelo assistente executivo, eu soube

132 | ATIVANDO RESULTADOS

que ele tinha encaminhado sua carta para o EVP e o executivo chefe da agência, o qual agora tinha três cartas: a do presidente, a do CFOs e a que eu lhe enviei diretamente.

Após acompanhar o assistente executivo do EVP, soube que ele estava ciente da carta, tinha-a lido e encaminhado para ser manipulada por um dos seus assessores diretos, o VP e executivo chefe da agência – o qual tinha agora duas cartas: a do EVP e a que eu lhe enviei diretamente. (Uma porção de trabalho de acompanhamento? Não para o resultado que isso produziu, pelo custo de escrever uma carta adaptada a cinco executivos, todas enviadas ao mesmo tempo, via cinco selos de 39 centavos para a postagem.)

Acompanhado do assistente do executivo, o VP me disse que ele queria agendar uma entrevista em pessoa comigo para irmos a Nova York apresentar minhas qualidades para uma determinação inicial sobre o meu envio à matriz da Equitable University e ulterior revisão da gerência sênior.

Dentro de 30 dias eu estava em Nova York, na matriz da Equitable Life Insurance, apresentando as minhas ofertas basicamente para o segundo homem a cargo da força de campo inteira. Não um resultado ruim para o COL. Infelizmente, não fechei nenhum negócio lá, porque ultimamente eles acharam que os meus serviços não eram necessários.

O ponto chave é este: se eles necessitavam dos meus serviços ou não, tive acesso a um nível muito alto. E, com isso, pude navegar do meu jeito muito mais rápido do que qualquer um dos meus concorrentes que estavam conversando com um contato de médio a baixo nível dentro da Equitable University. Nessa proporção, isso levaria de 12 a 18 meses de despesas com cortejo, tempo e esforço para atingir o nível no qual eu tinha começado. Ao invés disso, atingi um ponto pelo uso do Sistema COL e pelo ACESSO AO CASTELO, numa maneira profissional e respeitosa. Apesar de não ter obtido o pedido, mostrei novamente o poder e a eficácia deste Ativador.

SEXTO PRINCÍPIO ATIVADOR
ENTREGUE A SUA ÚLTIMA APRESENTAÇÃO

*V*OCÊ TEM TRABALHADO DURO PARA CHEGAR À REUNIÃO CERTA COM os tomadores de decisão – pessoas com tempo exíguo para dispensar atenção e enorme pressão para se lidar. Não se arrisque a queimar a reunião inteira fazendo uma daquelas fabulosas e brilhantes perguntas com as quais todos nós temos sido treinados a fazer, tais como *"O que mantém você acordado à noite, Bob?"* Por que, se eles não estão em uma posição de se abrir para você? E isso é uma prática inteligente, passar os 20, 30 ou mais de 40 slides do clichê da sua apresentação de PowerPoint esperando que eles fiquem intrigados? Esse Ativador ensinará a você uma ferramenta provada no campo chamada Formato de 1/3... 2/3 da Apresentação Condensada. Esse modo de apresentação impressionará e encherá os olhos de cada um na sua audiência, porque eles apreciarão mais a sua apresentação (assim como você). O mais importante: dará a você controle adicional e alavancagem. Esse formato agrada perfeitamente aos níveis mais altos dos tomadores de decisão que você agora tem na sua frente mais frequentemente, graças aos Ativadores de um a cinco.

Para entender o poder e a simplicidade desse Ativador, é melhor observar essa habilidade através dos olhos do cliente ou possível cliente primeiramente. Ao se colocar no mundo deles e visualizar como é

ENTREGUE A ÚLTIMA APRESENTAÇÃO

SEÇÃO DOIS: OS PRINCÍPIOS ATIVADORES | 135

esperar pelo final, embora não esteja gostando do show padrão da sua apresentação destinada a influenciar as pessoas para o seu produto, você poderá obter respostas sobre o que poderia ser mudado ou reordenado para intensificar a sua experiência. Então, vamos fazer isso – vamos passear nos sapatos deles.

Você recebeu um e-mail do seu chefe solicitando a você e a dois dos seus colaboradores para assistir uma apresentação de 30 minutos na sexta-feira às 14h. Você jamais soube que a companhia estaria fazendo a apresentação, então, ele deveria estar tentando obter o seu negócio. Você verifica a sua agenda esperando que ocorra um conflito de modo que possa graciosamente recuar, mas eis que você não tem conflitos.

Sexta-feira chega e você já está no trabalho desde as 7 horas da manhã. O dia é terrível e você está estressado. As coisas estão misturadas e nada está fluindo suavemente – então há aquela apresentação das 14h. Você manda um e-mail para os seus colegas para ver se eles ainda estão planejando participar, esperando que cubram você ou sugiram que você realmente não precise estar lá. Mas foi o seu chefe quem pediu para você participar, então você se decide tentar alguma coisa disso. Você acessa o *site* da companhia esperando, talvez, que já tenha visto esse discurso de vendas, mas não, não parece que você o tenha visto.

São 13h45. Você recebe um e-mail do seu chefe dizendo que, devido a uma programação confusa, a apresentação será movida para a sala de conferência C (a que não tem janelas, é desbotada e tem um ar condicionado tão barulhento que torna difícil a audição). Você responde ao seu chefe com um "Eu estarei lá – estou esperando por isso."

Às 14h você está sentado em volta da mesa na sala de conferência C, após ter introduzido você mesmo a duas pessoas da companhia vendedora que parecem *muito empolgadas* em estar lá, ou terem bebido muita cafeína ou justamente voltado de uma festa animada de formatura de ensino médio.

E aqui vamos nós. Uma apresentação de 30 minutos, bobagem. Isso durará 45 minutos, com certeza, se não for mais além. A sala escurece um pouco, então você se inclina na cadeira; não pode ver bem a tela,

136 | *ATIVANDO RESULTADOS*

mas isso não é importante, porque você sabe que os primeiros 20 minutos não são críticos, uma vez que a substância (preço, especificidades, planilhas de tempo e próximos passos) provavelmente está toda dirigida ao fim, de qualquer forma. Você decide que terá prazer, estando lá com grande interesse, enquanto se redireciona para os próximos 15 a 20 minutos. Justamente então você nota que esqueceu algo para escrever. O dia não está indo bem. "E por que eu estou aqui? Eu preciso realmente estar aqui?", você se pergunta.

Naturalmente, isso é somente uma caracterização. O ponto é que você necessita agarrar a atenção dos possíveis clientes e clientes que podem estar cansados, aborrecidos, distraídos ou todos acima. Mais, eles já têm uma percepção sobre o que deverão ver, e que a primeira parte da apresentação não é tão importante, de qualquer forma. E aqui você chega com uma apresentação de um clichê em PowerPoint que talvez nem você goste (lembre-se do décimo primeiro obstáculo). Então você pode entender por que frequentemente há uma falta de entusiasmo por parte dos receptores sobre esse atendimento, deixando de prestar atenção à sua apresentação.

Você pode aprender como ENTREGAR A ÚLTIMA APRESENTAÇÃO melhor pelo uso dessa prática chamada Formato de 1/3 ... 2/3 da Apresentação Condensada. Um processo de apresentação da sua história em um terço do montante do tempo que você solicitou para a sua reunião. Isso proverá ideias que adicionarão valor, se elas forem incluídas no seu modelo de apresentação.

Não há dúvida numa ordem geral para o conteúdo de uma apresentação típica. Talvez a estrutura seja igual a esta:

1. Introduções gerais. Obrigado a você pela oportunidade.

2. Breve fundamentação sobre a nossa companhia, quem somos, como ajudamos etc.

3. Breve fundamentação sobre os nossos produtos, serviços, soluções etc.

4. Os benefícios líquidos das nossas ofertas.

SEÇÃO DOIS: OS PRINCÍPIOS ATIVADORES | 137

5. Lista parcial dos clientes a que servimos.

6. Os testemunhos de uns poucos clientes e histórias do caso.

7. Como podemos ajudar a sua companhia? Necessita avaliação etc.

8. Determinação mútua das próximas providências.

Em termos de estilo de entrega isso talvez seja feito por computador laptop, o qual pode ser projetado na superfície de uma parede ou tela, dependendo do número de pessoas presentes. Os apresentadores podem gastar uma parte da sua entrega sentados, observando os slides na tela à medida que eles se movem através do conteúdo. Eles não podem passear em volta da mesa quando apresentam. Em termos de entonação da voz, ela é provavelmente profissional e "inalterada", uma vez que ninguém quer ficar muito excitado, tem medo de atravessar, tal como um ato de circo.

Isso é o que temos ouvido dos clientes de todos os portes. Também escutamos comentários referentes a como eles gostariam que a apresentação fosse ordenada se fosse dada a eles. Aqui estão alguns dos seus gabaritos:

"Isso deveria ser estruturado tal como as novidades da tarde em que, nos primeiros 60 segundos, recebemos um sumário dos pontos altos, então, sabemos o que será coberto e podemos determinar se queremos continuar observando."

"Por que preciso esperar até o final para descobrir o quanto, com que rapidez se executam planilhas de tempo, ROI, prazos e próximos passos. Como um executivo, gostaria de saber essas coisas imediatamente, porque elas são a 'substância' da apresentação. Isso é o que eu quero saber, quanto mais cedo, melhor, se esperam que eu preste atenção. Mesmo se for o meu próprio pessoal que fizer a apresentação para mim, isso é o que eu quero saber direto, fora da caixa."

"Torne isso mais breve e mais interessante. Remova todo o material 'agradável de saber', porque isso é frequentemente irrelevante para o meu processo de decisão."

"Dê-me alguma coisa em que atualmente acreditar do que está apresentando. Seria bom ver um pouco de entusiasmo agora e uma próxima vez."

"Tenho mais dificuldade em ver as coisas num laptop. Gosto de misturar

um pouco, tal como a velha conversa silenciosa sobre o jogo do dia. Por que os apresentadores não usam o meu modelo de quadro ou a inversão de gráficos nas nossas salas de conferência mais frequentemente? Porque isso não é alta tecnologia. Quem se importa? Quero entender o discurso de vendas, e se eu puder visualizar isso melhor, posso compreender mais rápido."

O Formato de 1/3... 2/3 da Apresentação Condensada leva em conta todo esse gabarito. O líquido-líquido do formato é isso: divide o tempo total que você tem para a sua apresentação em terços. No primeiro terço desse tempo, o seu objetivo é cobrir justamente os pontos altos – os aspectos salientes de cada um dos pontos chave da sua apresentação inteira. Isso quer dizer que, se existem oito seções ou componentes diferentes na apresentação, então você cobriria o terço principal de cada uma dessas áreas. Uma vez que isso esteja completado, você teria "queimado" cerca de um terço do tempo permitido à reunião, e restariam dois terços do tempo.

Você está pronto – para o momento. Você cobriu o primeiro terço de cada um dos pontos chave no primeiro terço do tempo permitido, então, está essencialmente pronto até que transmita o pseudocontrole para os receptores, perguntando-lhes se eles têm quaisquer perguntas que você possa responder antes de discutir os próximos passos.

Lembre-se, existem dois terços do seu tempo permitido pendentes. Com isso é que você vai lutar. Nesse ponto, os receptores estão tipicamente silenciosos e em choque, como se tudo o que precisasse ser coberto o tivesse sido num terço do tempo que eles estavam esperando. Os clientes e os possíveis clientes podem dar a você uma visão de que estão amando você. Eles estão agradavelmente surpresos e impressionados com o nível de organização e o gerenciamento do tempo.

As perguntas usualmente começam neste ponto, então, deixe-os fazer o caminho. Eles irrompem todos sobre o mapa, pulando entre os seus pontos chave. E se você para e pensa, "Quem está controlando a sala e a apresentação neste ponto, o(s) receptor(es) ou o(s) apresentador(es)?" Será o apresentador se você tiver feito um bom trabalho no primeiro terço. Por quê? Porque as perguntas vêm imediatamente, você ainda tem dois terços de mais informação que você pode cobrir em cada ponto chave *se os receptores solicitarem isso* – e então os receptores sentem que *eles* estão no controle da reunião. Eles estão obtendo as suas perguntas respondidas na ordem exata que querem.

A ordem cuidadosa do conteúdo é o que torna esse formato efetivo (e os executivos seniores convidam você para almoçar). Isso tomará alguma deliberação. Será crucial na sua declaração de abertura (antes do "ponto um" do conteúdo) prover o líquido-líquido das mensagens que você deseja dirigir à casa com a audiência. Isso se torna a cobertura da apresentação e o que os proprietários e executivos seniores amam ouvir imediatamente – os *dentes*. Esse tipo de organização requer reflexão, mas é merecedor do resultado final.

Aqui está um exemplo de declaração de cobertura: *"A síntese básica do que gostaríamos de transmitir hoje é como... com um investimento de aproximadamente 'x' para 'y', podemos, através das nossas capacidades, produtos e soluções, reduzir a sua... atual, na faixa de 'x' para 'y' por cento, no espaço de... meses/anos. Acreditamos que isso proverá um retorno na faixa de... meses/anos e um ROI de 'x'."*

E então aqueles encarregados do poder da tomada de decisão apreciam o nível de brevidade, confiança e precisão. À medida que você desenvolve a sua declaração de cobertura, eles focalizam e aprofundam a sua mensagem. O Formato de 1/3... 2/3 da Apresentação Condensada é a melhor prática efetiva e surpreendente que ajudará você a ENTREGAR A ÚLTIMA APRESENTAÇÃO.

Na página 140 há um exemplo visual do formato com a assunção da apresentação que contém oito seções chave.

Temos agora de discutir o estilo da entrega. A entrega é a chave para aumentar o seu poder, confiança e presença.

Uma sugestão relativa à entrega que pode ter um grande impacto é chamada de Técnica de Imersão do Formato de 1/3... 2/3. Ela não é considerada de alta tecnologia, apesar de estar bem estruturada nesse caminho (essa foi a minha plataforma para o discurso de apresentação nas World Fusion Annual Conventions (Convenções da Fusão Anual Mundial) da Microsoft, das quais participaram milhares de pessoas.

140 | *ATIVANDO RESULTADOS*

EXEMPLO VISUAL
O FORMATO DE 1/3... 2/3 DA APRESENTAÇÃO CONDENSADA

TEMPO PERMITIDO PARA A APRESENTAÇÃO – 30 MINUTOS

PONTO 1:	PONTO 2:	PONTO 3:	PONTO 4:	PONTO 5:	PONTO 6:	PONTO 7:	PONTO 8:
INTRODUÇÃO: OBRIGADO A VOCÊS.	FUNDAMENTAÇÃO DA COMPANHIA	FUNDAMENTAÇÃO DA ESSÊNCIA DAS OFERTAS	BENEFÍCIOS LÍQUIDOS	CLIENTES SERVIDOS	FUNDAMENTAÇÃO DA COMPANHIA	COMO PODEMOS AJUDAR VOCÊ?	PRÓXIMOS PASSOS
1/3 DO CONTEÚDO APRESENTADO.	1/3 DO CONTEÚDO APRESENTADO.	1/3 DO CONTEÚDO APRESENTADO.	1/3 DO CONTEÚDO APRESENTADO.	1/3 DO CONTEÚDO APRESENTADO.	1/3 DO CONTEÚDO APRESENTADO.	1/3 DO CONTEÚDO APRESENTADO.	1/3 DO CONTEÚDO APRESENTADO.
2/3 DO CONTEÚDO PRONTO A SER COBERTO NESTE PONTO – SE OS RECEPTORES PEDIREM A VOCÊ PARA IR MAIS FUNDO NESTE PONTO.	2/3 DO CONTEÚDO PRONTO A SER COBERTO NESTE PONTO – SE OS RECEPTORES PEDIREM A VOCÊ PARA IR MAIS FUNDO NESTE PONTO.	2/3 DO CONTEÚDO PRONTO A SER COBERTO NESTE PONTO – SE OS RECEPTORES PEDIREM A VOCÊ PARA IR MAIS FUNDO NESTE PONTO	2/3 DO CONTEÚDO PRONTO A SER COBERTO NESTE PONTO – SE OS RECEPTORES PEDIREM A VOCÊ PARA IR MAIS FUNDO NESTE PONTO.	2/3 DO CONTEÚDO PRONTO A SER COBERTO NESTE PONTO – SE OS RECEPTORES PEDIREM A VOCÊ PARA IR MAIS FUNDO NESTE PONTO.	2/3 DO CONTEÚDO PRONTO A SER COBERTO NESTE PONTO – SE OS RECEPTORES PEDIREM A VOCÊ PARA IR MAIS FUNDO NESTE PONTO.	2/3 DO CONTEÚDO PRONTO A SER COBERTO NESTE PONTO – SE OS RECEPTORES PEDIREM A VOCÊ PARA IR MAIS FUNDO NESTE PONTO	2/3 DO CONTEÚDO PRONTO A SER COBERTO NESTE PONTO – SE OS RECEPTORES PEDIREM A VOCÊ PARA IR MAIS FUNDO NESTE PONTO.

SEÇÃO DOIS: OS PRINCÍPIOS ATIVADORES | 141

O líquido-líquido da Técnica de Imersão é: quando os receptores entram na sala onde a apresentação será feita, o que eles veem nas paredes são inversões de gráficos penduradas em volta da sala, que são desdobradas até o topo, de forma que os participantes possam ver o que está em cada gráfico. As inversões de gráficos devem estar penduradas nas paredes em volta da sala em forma de ferradura. Quando as pessoas tomam os seus lugares e a apresentação começa, o apresentador se levanta e começa desvelando cada inversão de gráfico – uma por uma. À medida que ele avança no conteúdo, o apresentador se move em volta da sala, razão pela qual ela é chamada de Técnica de Imersão. O apresentador está sobre seus pés e muito mais energizado à medida que o conteúdo é apresentado. O movimento requerido dos participantes (para que eles possam ver cada gráfico) faz parte também da mágica planejada. Os participantes têm de mover seus corpos um pouco à medida que cada gráfico é desvelado. No final do primeiro terço da apresentação, todas as inversões dos gráficos foram baixadas e apresentadas. Uma vez que isso acontece, os receptores podem ver *a apresentação por inteiro* na sua frente muito mais facilmente do que em PowerPoint. Isso permite lembrar-lhes o que está sendo coberto. As perguntas vêm mais rápidas, e o tom é mais animado. Alguns dos nossos clientes dizem que é muito mais excitante fazer parte desse tipo de apresentação. Provemos treinamento nessa técnica se você pensar seriamente em tornar seus funcionários apresentadores mais dinâmicos.

Sem dúvida, esse princípio Ativador tem muitas camadas e aplicações. Como você pode imaginar, existem numerosas versões do Formato de 1/3... 2/3 da Apresentação Condensada, dependendo dos vários estágios do processo de venda e cortejo. Você terá interações diferentes para as apresentações aos possíveis clientes e novos negócios, apresentações finais para ganhar uma oportunidade, apresentações de conceito orientadas sobre grandes ideias, apresentações recentemente perdidas etc.

Muitos Ativadores têm um conteúdo rico – três classificadores de fácil preenchimento. Esse é outro Ativador que pode ser amplificado com treinamento e customização da aplicação para reformatar as apresentações do clichê padrão da sua companhia – assim você começa a ENTREGAR A ÚLTIMA APRESENTAÇÃO.

SÉTIMO PRINCÍPIO ATIVADOR
PINTE O QUADRO FINANCEIRO

*E*SSE ATIVADOR TRATA DO USO DAS PROPOSIÇÕES DE VALOR METRIFICADAS financeiramente que você criou no quarto princípio em que você acondicionou no 1/3... 2/3 da Apresentação Condensada para pintar o quadro financeiro que as suas novas proposições de valor poderiam entregar, estabelecendo uma linha de base para os clientes e possíveis clientes em suas reuniões e convocações.

Por que isso pode demandar mais tempo do que você gostaria para fechar uma oportunidade? Uma razão chave é que a apresentação à companhia *não* cria *um sentido* de urgência pra comprar. Eles fazem um excelente trabalho de descrição do que são como organização, os clientes que eles servem e uma visão global dos seus produtos e serviços. Contudo, eles ficam a descoberto ao juntar tudo num pacote coeso. Em vez disso, esperam que o possível comprador o faça, construindo por conta própria o processo do negócio e a justificação do custo financeiro para a compra. Há um modo melhor para vender nestes tempos de competição global.

Se a sua indústria é típica, os possíveis compradores não iniciarão a construção do processo do negócio para a gerência superior até que eles tenham primeiramente examinado as opções do vendedor,

SEÇÃO DOIS: OS PRINCÍPIOS ATIVADORES | 145

comparando um pouco os indicadores de desempenho e restringindo a seleção deles a um punhado de finalistas. Só a partir daí é que eles se voltarão para criar o processo do negócio e o quadro financeiro da sua apresentação interna para os "superiores". (Lembre-se, essa é a métrica que eles buscam se todas as outras características e benefícios parecerem comuns a eles.) Talvez não funcione exatamente dessa forma no seu negócio, mas isso é um padrão de compra comum em muitos setores da indústria.

Você poderia encurtar seu(s) ciclo(s) de fechamento se mudasse um pouco os procedimentos de operação padrão da sua companhia? Esse é outro aspecto do ciclo de vendas que se beneficiaria com tal movimento. Tipicamente é o processo do negócio contendo o quadro financeiro que não é necessário somente para uma decisão, mas é a cola que fixa tudo, criando o interesse e a urgência para avançar. Muitas companhias o queimam nesse momento, elegendo apresentar o velho refrão "isso é interessante o suficiente", sem prover qualquer quadro financeiro para "Por que nós e por que a nossa solução/produto/ serviço?" Isso é uma tragédia porque cria trabalho para o comprador. Mas você já fez o trabalho por este Ativador.

Usando os princípios dos Ativadores anteriores, você criou uma proposição de valor de maior impulso contendo uma ou duas métricas na mesma forma. Você terá um ou dois tomadores de decisão na sua frente mais frequentemente, porque ACESSOU O CASTELO com sucesso e está armado com uma apresentação mais resumida e mais poderosa que encherá os olhos deles. A questão agora é "O que você vai apresentar?".

A resposta deveria ser a cobertura – a cereja do bolo – o quadro financeiro ou a métrica que responde à questão "Por que nós?" Você se referiu a isso na sua carta. Contudo, isso é exatamente o que você deveria ter colocado no início da sua nova apresentação de 1/3... 2/3, pois é o que estabelece o gancho e começa a gerar urgência na mente do possível comprador.

Aqui está um exemplo. Como mencionei, precocemente na minha carreira vendi redes de discagem preditiva às organizações de grande e médio portes pela América do Norte e pela Europa. Parte do quadro financeiro que pintei era que eu podia mais do que dobrar o tempo de conversa com cada coletor no departamento deles. Esse era o gancho da primeira reunião. Tudo o que eu queria que os possíveis clientes fizessem era perguntar, "Como?". De fato, verdade seja dita, eles realmente não se importavam como a tecnologia trabalhava, especialmente os executivos seniores, mas queriam saber a técnica de como eu poderia dobrar o tempo de conversa dos seus coletores. Alguém clamaria, *"Se você pode fazer isso, eu estou escutando. O que você precisa saber de nós? Quais os dados que você necessita do nosso pessoal de forma que possa voltar aqui e mostrar como pode fazer isso?"* Perfeito. O gancho foi colocado. De fato, isso era exatamente o que eu usava como parte da minha estratégia para fechar com a Fingerhut, o Citigroup, o Harris Bank, o HFC, a I. C. System e muitas outras companhias.

Como já discuti, você e sua equipe terão de decifrar qual será a medida que usarão dentro do quadro financeiro que vocês desejam pintar – um exercício importante para a sua companhia. Adicione essa cobertura à sua proposição de valor, pintando o quadro financeiro para "Por que nós e a nossa empresa?". Isso estabelecerá o gancho e criará mais urgência do que o usual, porque frequentemente não há nenhuma urgência. Quando o possível comprador perguntar como você pode verificar as suas declarações de cobertura, você tem uma oportunidade *de ouro* para diminuir o seu ciclo de fechamento ao vender a eles a necessidade de fazer um processo de um mininegócio.

Você deverá propor uma análise financeira condensada na fase final do processo de compra deles, em vez do modo "normal" pelo qual isso é feito, direto ao fim do seu processo de pesquisa e seleção. Para fazer isso, você criará um Instrumento de Validação da Proposição de Valor – um cenário instantâneo do antes e depois do seu produto, serviço ou solução. Podemos ajudá-lo a construir isso.

Quando estabelecer o gancho com a sua declaração de cobertura e o quadro financeiro, você pintará sentimentos de impulso a eles, os quais naturalmente vão querer saber se você pode provar isso. Assim, as questões do seu Instrumento de Validação da Proposição de Valor necessitarão extrair a informação-chave e o ponto de dados de que você necessita e que lhe possibilitará voltar e apresentar a validação financeira da sua proposição de valor.

Outro benefício de propor alguma forma de visão global do financeiro minicondensado "antes e depois" no início do ciclo de vendas é que isso ajuda a expor o nível de interesse dos possíveis compradores.

Os clientes que usam essa abordagem amam o fato de que, deixando a sua apresentação sobre a mesa mais cedo, o líquido-líquido financeiro de como eles podem beneficiar o possível cliente ou cliente os ajuda a calibrar se a oportunidade vale o tempo, a atenção e os recursos. Eles sentem isso tal como um feixe de laser que ajuda a cortar direto o processo. Esse é um meio de abertura direta e honesta para apresentar as suas ofertas de uma maneira que o comprador sofisticado respeita e aprecia atualmente.

Uma vez que eles tenham visto o instantâneo financeiro, isso ajuda você a galvanizar ainda mais o interesse deles ou eliminar aqueles que estão só navegando.

Essa abordagem também ajuda você a estar conectado ao topo da organização, porque, no final do dia (como os executivos seniores amam dizer), é o quadro financeiro, quantitativo ou métrico, que usualmente cria a urgência e a justificação do custo para avançar.

Pinte o Quadro Financeiro tanto quanto humanamente possível na sua busca para encurtar os ciclos de fechamento do seu negócio e o seu tempo num negócio. Essa é uma abordagem que tem rendido bons resultados para muitos. Se você quer alguma ajuda nesta área, contate-nos. Você poderá ficar surpreso do quão mínimo é o investimento para o retorno que isso pode trazer.

OITAVO PRINCÍPIO ATIVADOR
MANTENHA A SUA FUNDAMENTAÇÃO

VOCÊ JÁ FOI ENGANADO, DIVERTINDO-SE A VALER, APÓS VOLTAR DE uma reunião que você achou que correu supremamente bem? Uma reunião em que os tomadores de decisão primária estavam presentes, dizendo que eles estavam impressionados e queriam avançar para o próximo passo do seu processo? Uma reunião em que você estava tão empolgado que não podia se conter, e então chamou o seu chefe e disse a ele ou ela, "Este aqui vai adiante." Uma reunião em que você ouviu com seus próprios ouvidos os tomadores de decisão dizerem, "Precisamos fazer isso. Isso é genial."

O oitavo princípio Ativador trata da dança do poder e como lidar com situações em que os executivos que expressam o seu interesse em ir adiante com você. Na realidade podem não ter qualquer interesse em fazer nada e estar receosos de dizer isso a você, por mais estranho que possa parecer.

O ego é alguma coisa com que cada um lida em se tratando de negócios. Em alguns casos, por mais alto que você esteja numa organização, provavelmente interagirá com alguém com ego elevado – talvez muito elevado. Não me entenda mal. O ego é uma boa coisa, porque ele dá confiança à pessoa. Mas ele também pode atrapalhar.

Os proprietários e executivos seniores são como as pessoas que têm fortes egos e demonstram confiança, talento e entranhas. Isso é quase como se eles tivessem uma atração por essas características – talvez isso os lembre deles mesmos.

ATIVANDO RESULTADOS

Agora, imagine você e a sua companhia aparecendo na cena (ACESSANDO O CASTELO) com DENTES na sua mensagem. Você está se sentindo poderoso porque está prestes a soltar a sua Apresentação de 1/3... 2/3, a qual tem muita cobertura na sua proposição de valor, e você prevê que eles comerão diretamente da sua mão. Nesse ponto você está bastante confiante em si mesmo, com arrogância quanto à etapa vencida e o entusiasmo recente da sua apresentação.

Esse é o momento em que você precisa saber um pouco sobre a armadilha em perspectiva com a qual os compradores jogam quando você aborda os quadros financeiros. Alguns possíveis clientes fazem exatamente como você deseja, concordando em fornecer as informações de que você precisa para criar a análise a fim de que possa retornar e apresentar o miniquadro financeiro do antes *versus* o depois. Outros, contudo, podem dizer alguma coisa como:

"Eu estou impressionado com a sua mensagem e com o que você diz que pode fazer – muito impressionado. Eu não tenho ideia de como o seu pessoal e os seus produtos poderiam ter o tipo de impacto nos nossos negócios como você está dizendo que poderiam – e nos nossos clientes também. Assim, aqui está o que eu gostaria de ter em seguida. Gostaria que você apresentasse isso ao nosso pessoal em .... e, se eles se entusiasmarem com essa mensagem como eu estou entusiasmado, então isso é alguma coisa que realmente precisamos considerar, certo?"

Após escutar isso, as línguas de muitos vendedores ficam para fora, ofegantes como cães, porque eles interpretam a declaração como uma luz verde, um sinal de compra. Não por eu ser um velho cão, mas eu venho vendendo há mais de 20 anos e não direi a você o número de vezes em que caí por esse osso. Direi a você que jamais fechei uma oportunidade de negócio quando caí por ele.

Você já investiu tempo e energia desenvolvendo a medida das suas proposições de valor que são agora mais resumidas e impactantes. Você também já desenvolveu um processo relativamente curto, sem muito esforço, que permite a você recolher as informações dos possíveis compradores de forma que possa retornar e apresentar o antes e o depois na segunda reunião. Se as pessoas da reunião inicial não forem sérias o suficiente para estarem presentes na segunda reunião para

SEÇÃO DOIS: OS PRINCÍPIOS ATIVADORES | 151

saber os resultados da minianálise, *não* permita que elas o enviem para seu fundo de organização numa caça ao ganso selvagem, esperando armazenar interesse. Não pegue esse osso. Não há negócio na camada inferior. Mantenha a sua fundamentação. Essa é uma armadilha clássica que muitos executivos seniores usarão justo para retirar você dos seus escritórios quando eles não tiverem entranhas para lhe dizer a verdade. Em vez disso, eles conseguem que os vendedores fiquem todos com o motor acelerado, dizendo quão impressionados estão, e então os enviam à camada inferior, onde alguém mais vai parar o seu progresso.

A razão de ser tão enfático sobre isso é porque aconteceu comigo, e meus clientes, mais do que eu, se importam em admitir. Um dos meus menores clientes encontrou-se com o CEO de uma das maiores companhias de Wall Street que parecia bastante impressionado com as suas ofertas, e assim o disse. O CEO então o levou para baixo do corredor, sobre a sua chefia de serviços aos clientes privados. Essa foi a pessoa que basicamente se desembaraçou da oportunidade tão rápido que o meu cliente jamais soube o que estava acontecendo.

Quando você sentir que isso está acontecendo, retarde-os e negocie, ganhando o seu compromisso de estar presente na segunda reunião. Se eles não se comprometerem em atender, não concordarão em fazer a minianálise. Quando se estabelece o gancho eles querem ver isso antes e depois. Isso não é uma abordagem de essência difícil; é um negócio inteligente que reforça o seu crédito na sua mensagem. Se eles não estão querendo investir tempo em entender que benefícios ou métricas financeiras seriam, então, não faz sentido investir tempo e energia para fazer o exercício. Essa é a mediação com que você negocia. Algumas vezes isso funciona e outras não. Mas a abordagem vale cada centavo.

Lembre-se, os compradores podem ser mentirosos. Se os possíveis clientes estão impressionados com a cobertura do bolo, então mantenha a sua fundamentação até que eles tenham provado o seu gosto real. Isso demonstra discernimento, prudência e confiança no negócio — todas as coisas que um possível comprador aguçado aprecia e respeita. Eles entenderão o que você está fazendo e por que, e apreciarão o nível

152 | *ATIVANDO RESULTADOS*

de profissionalismo. Mantenha a sua fundamentação. Você se sentirá contente se o fizer.

Aqui está outro exemplo de como um pequeno cliente (que tem menos que dez empregados) visitando uma companhia enorme (mais do que 30 bilhões de dólares em receitas e uma das maiores companhias de tecnologia do mundo) usou esse Ativador para economizar milhares de dólares com despesas de vendas.

Ele implementou o Ativador e foi direto ao topo com a mensagem e a solicitação para uma reunião. Os executivos mais importantes naquela ocasião viram as cartas, e muitas foram dirigidas para os níveis mais baixos, um patamar abaixo dos 12 níveis em que o cliente desejava a reunião.

Um senhor, um dos muitos no currículo do grupo de projetos dentro da área de vendas e serviços para a América do Norte, queria uma reunião com o nosso cliente. Meu cliente sondou um pouco e descobriu que, apesar de um dos executivos mais importantes ter escrito na sua cópia da carta que a oferta parecia ser interessante e merecia uma avaliação, haveria pelo menos de oito a dez reuniões antes que qualquer decisão fosse tomada. Meu cliente decidiu que o prosseguimento não valia o custo da venda, e, então, desistiu. Ele jamais agendou a primeira reunião porque a conta seria muito cara e consumiria tempo para aterrissar.

Mantenha a sua fundamentação. Você avaliará e forçará a saída de oportunidades mais rápido, e redirecionará os seus recursos em direção àquelas que farão com que o seu negócio também cresça mais rápido.

NONO PRINCÍPIO ATIVADOR
CONDUZA O CONCERTO

VOCÊ DETERMINOU QUE VALE A PENA PERSEGUIR A OPORTUNIDADE em mãos. O possível cliente concordou que você pode criar uma análise financeira condensada para validar as reivindicações financeiras que você fez na reunião inicial. Agora é hora de CONDUZIR O CONCERTO. Esse Ativador é o bastão que ajudará a persuadir os bloqueadores a "deixar o serviço" enquanto você extrai os diversos pontos de dados e as informações que precisa dos vários departamentos dentro da organização do possível cliente para validar sua(s) proposição(ões) de valor.

Lembra-se do Instrumento de Validação da Proposição de Valor do sétimo Ativador? Esse é um instantâneo dos cenários do antes e do depois com o seu produto ou serviço, que ajudará a validar os benefícios financeiros em potencial da essência das suas ofertas. Novamente, essas são as questões específicas que preparamos para dar ao possível comprador, a fim de que ele possa coletar as respostas para você de tal forma que você possa então utilizá-las nessas informações e de como as suas ofertas melhorariam a situação atual do possível cliente – permitindo-lhe ver os cenários antes das suas ofertas *versus* o após com as suas ofertas.

Precisamos de uma ferramenta como essa porque, mesmo que os poderosos que deram o seu ok estejam frequente e ansiosamente esperando que você volte e mostre a eles os resultados da sua mini-análise do ROI de alto nível, você enfrentará obstáculos quando acontecer de obter os dados da organização deles.

SEÇÃO DOIS: OS PRINCÍPIOS ATIVADORES | 155

Em vista de a maioria das companhias tomarem decisões em grupos ou equipes (mesmo quando for dito a você que há um tomador de decisão primário), existem frequentemente várias pessoas que têm algum nível de influência sobre se você ganha ou não o negócio. Alguns as chamam de intrometidas. Outros as chamam de aconselhadoras, influenciadoras, manipuladoras, protetoras de relva, bloqueadoras etc. Elas são grupos de pessoas que você precisa orquestrar e conduzir tal como um maestro em vias de terminar o concerto.

Não posso exagerar na importância em manter todas essas pessoas na mesma partitura da música. Ao longo dos anos, notamos que um dos melhores caminhos para fazer isso é manter a cobertura financeira (a métrica) da sua proposição de valor em primeiro lugar nas suas mentes. Dessa forma, você pode efetivamente conduzir o concerto ao extrair os pontos de dados que você necessita do possível comprador. Em virtude de existirem agendas diferentes dentro das companhias, um dos meios mais eficazes para ajudar os possíveis compradores a ficar focados na sua mensagem é lembrá-los constantemente do valor do negócio – o valor financeiro que as suas ofertas poderiam trazer para a empresa deles.

Nenhum dos dois instrumentos de validação parece o mesmo porque eles têm a função das perguntas que você precisa fazer, e as respostas o ajudarão a ter uma visão geral do seu processo. Sem essa ferramenta, será mais fácil para os manuseadores e intrometidos espreitarem atrás de cada porta para retardar ou bloquear você de obter as informações de que precisa para justificar uma despesa deles com seus produtos e serviços.

Assegure-se de que em algum lugar na esteira do topo do seu Instrumento de Validação da Proposição de Valor alguém lembre quem poderá ver o documento das reivindicações financeiras que você apresentou nas suas proposições de valor iniciais. Você também deve determinar que a finalidade desse exercício é obter informações específicas que validarão justamente como você poderá fechar atualmente com os DENTES iniciais sua(s) proposição(ões) de valor.

156 | ATIVANDO RESULTADOS

Em nossa primeira companhia, usei essa ferramenta o tempo todo, não somente para justificar o nosso valor para a gerência sênior, mas também para manter-nos distantes da organização de TI – pelo menos até que tivéssemos um acordo geral de que os resultados financeiros que poderíamos entregar eram excitantes o bastante para os executivos seniores, porque sabíamos que tínhamos uma chance legítima de ganhar o negócio. O Instrumento de Validação da Proposição de Valor atuou como um nivelador eficaz em várias pessoas que tentaram ser inseridas no processo, evitando que elas tornassem isso mais difícil do que o planejado para nós ao obter os dados necessários das áreas de finanças, crédito e cobrança, operações e TI.

Temos atendido os clientes na construção desses instrumentos de um ponto de vista do conteúdo e do projeto, de forma que eles pareçam básicos e fáceis de serem seguidos pelos executivos seniores, a quem você vai apresentá-los.

Essa canção de foco de uma nota só os faz lembrar por que você precisa das informações que certamente eles vão solicitar. E para atrapalhar a música cada vez mais e a qualquer tempo no processo de cortejo, várias pessoas tentarão desviar você ou suas ofertas. Isso não tem nada de novo. Existem pessoas que justa e simplesmente não se importam ou são preguiçosos protetores de relva. E jamais haverá carência de pessoas que dirão, "Não há orçamento para isso", ou "Nós não necessitamos da sua oferta porque já temos alguma coisa similar". Essa ferramenta possibilita a você conduzir o concerto para ganhar as informações que precisa dos possíveis clientes a fim de que possa voltar e justificar o seu valor, ajudando você a fechar, ou nas palavras do décimo Ativador, harmonizar-se quanto ao dinheiro.

DÉCIMO PRINCÍPIO ATIVADOR
HARMONIZE-SE
QUANTO AO DINHEIRO

*E*SSE ATIVADOR É BREVE E DOCE, E VOCÊ JÁ FEZ A MAIOR PARTE DELE SE metrificou sua mensagem pelo quarto Ativador.

Uma das metas desse processo é ser eficiente pelo reuso do trabalho de certos Ativadores para aumentar o poder e a eficácia do estabelecimento da ferramenta inteira. Dessa forma, o processo não tem costura e é fácil de usar. Isto é o que você está fazendo quando se HARMONIZA COM O DINHEIRO.

Assumindo que você METRIFICOU A SUA MENSAGEM, sua proposição de valor é mais articulada com referência aos resultados financeiros/entregas dos seus produtos, serviços ou soluções que podem ser administrados ao seu possível cliente ou cliente. Isso significa que você provavelmente está mais entusiasmado sobre a sua mensagem e mais empolgado sobre considerar apresentá-la – outro resultado da métrica na sua proposição de valor. Então, não há necessidade de reinventar a roda. Vamos usar o que você já fez. Você pode fazer isso levando a mesma mensagem financeira que já criou e foi apresentada até o fim através das suas reuniões, bem perto do fechamento, e Harmonizar-se com o Dinheiro. Simplesmente determinado, você está se harmonizando com o dinheiro quando lembra do possível comprador

HARMONIZAR-SE COM O DINHEIRO

SEÇÃO DOIS: OS PRINCÍPIOS ATIVADORES | 159

(de cada reunião ou convocação) e do líquido-líquido financeiro, de como as suas ofertas poderão impulsionar o negócio.

Isso não envolve armadilhas ou truques. Basta uma proposição de valor comum, financeiramente calibrada que o seu possível cliente viu na sua primeira carta ou e-mail para ele, até o final das suas reuniões, convocações para conferências, conferências pela Web, e-mails, testes beta etc. Agora você a fecha com a mesma mensagem ou uma similar (uma vez que o seu instrumento de validação ajuda a sua proposição de valor original). Veja este princípio em ação na história de sucesso da página 175.

É confortável para os possíveis compradores quando a sua mensagem permanece consistente através do processo inteiro. Isso cria fé e confiança, ajudando você a fechar negócio mais rapidamente.

De modo geral, os indivíduos com os quais você deseja negociar – ou fazer mais negócios – querem mais segurança e resguardo nas decisões que eles tomam, porque o ambiente em volta deles continua a ser menor e menos seguro. Passos em falso podem custar carreiras. As pessoas não somente estão cientes disso, mas tornam-se cada vez mais nervosas quando estão mais perto de proferir qualquer decisão importante na qual estão envolvidas desde a feitura.

Contudo, os vendedores e provedores que podem arregaçar as suas mangas e entrar na lama, ajudando os possíveis clientes a criar o quadro financeiro e o processo do mininegócio, frequentemente ganham o negócio. Esses mesmos provedores são também difíceis de suplantar ou substituir, uma vez que tenham segurado o negócio, em face de um sentimento de conforto e segurança que foi estabelecido entre o cliente e o provedor. O cliente sente quando o provedor o obtém. Em outras palavras, eles entendem como ajudar a conectar e instalar os dados que recolheram para a validação da proposição de valor num quadro financeiro coeso. Eles claramente conectaram os *dentes* – a quantidade de benefícios do seu produto ou serviço, para as metas e objetivos da companhia, e então a decisão pode ser tomada em menos tempo e com mais conforto e garantia.

É o provedor que entende como Harmonizar-se com o Dinheiro, e continuará a ser um formidável concorrente. Ele implementou os Ativadores, desde o AVALIE O SEU ESTADO a CONDUZA O CONCERTO, para fechar oportunidades maiores num horizonte de tempo reduzido, para o desânimo dos seus concorrentes diretos.

DÉCIMO PRIMEIRO PRINCÍPIO ATIVADOR
CALIBRE-SE PARA O SUCESSO

V OCÊ JÁ REALIZOU UMA RODADA PERFEITA DE GOLFE? OS PROFISSIONAIS realizam rodadas perfeitas o tempo todo? Se você é um jogador de tênis, é normal para você fazer "aces" em cada jogo? É normal realizar qualquer esporte em níveis de pico todo o tempo? Naturalmente não, e o mesmo ocorre com os negócios.

Como você integrou os Ativadores em sua cultura diária de busca e obtenção de mais negócios, seja realista. Saiba que haverá alguns falsos inícios e lombadas ao longo do caminho. Esses princípios foram provados no campo e requerem meditação se você deseja integrá-los e implementá-los nas suas metas e objetivos específicos.

Esse é o porquê de o Processo Ativador ser tão bonito. Você pode usar princípios específicos para reforçar mais áreas que necessitam da sua ajuda imediata ou operacionalizar o processo inteiro de cada grupo de possíveis clientes, clientes e oportunidades em andamento que você deseja como metas.

A gerência do seu nível de expectativa é, contudo, importante para que você e a sua organização se sintam confortáveis usando-os no seu negócio. Como tudo o mais na vida, algumas vezes as coisas não funcionam exatamente da forma como você pensou que elas estariam saindo à direita do portão.

SEÇÃO DOIS: OS PRINCÍPIOS ATIVADORES | 163

É importante se conceder tempo e paciência, comprometendo-se a trabalhar com as ferramentas, considerando como elas podem servir melhor às suas necessidades como uma pessoa de negócios e como uma organização.

Para ser prudente, recomendo que os clientes façam um piloto – a iniciativa de um Ativador em uma ou duas unidades de negócio, para começar o processo. Isso cumpre três coisas: ajuda você a testar as águas com esse novo processo, permite a você fazer comparações de referência e monitorar os resultados e ajuda você a avaliar quantas pessoas envolvidas responderão. A iniciativa também criará alguma competição interna amigável e excitamento acerca de "quem conseguirá ser o próximo" a usar as ferramentas.

Os clientes que calibraram o Processo Ativador para adequar as suas necessidades descobriram ser este um meio útil, gerenciável e recompensador ao permitir-lhes tempo para ajustar a forma com que eles estavam operando certas sessões de treinamento e oficinas executivas sobre os Ativadores chave. Ele os ajuda, além disso, a adaptar a iniciativa às ofertas, características e desafios de mercado únicos de cada unidade de negócio. A abordagem unidade por unidade mantém cada coisa mais gerenciável e ajuda a faixa da organização de onde o maior sucesso está vindo, a fim de que eles possam replicar aqueles sucessos através da organização. Além disso, se você acredita em recompensa e reconhecimento do seu pessoal em atingir certas marcas de referência, por que não criar essas marcas de referência de recompensa em cada iniciativa dos Ativadores através da organização, criando essencialmente uma pequena competição clássica e saudável internamente? Você cimentará ainda mais os princípios em sua cultura operacional, sinalizando o suporte e as expectativas da gerência sênior sobre essas ferramentas em todas as unidades de negócios. Isso resultará numa linguagem comum para o planejamento de metas, busca e fechamento de mais negócios num horizonte de tempo comprimido.

É comum os clientes – uma vez que eles tenham implementado os Ativadores em oportunidades reais – fazerem ajustes. Eles podem ajustar as métricas das suas mensagens, ajustar as audiências que estão planejando como metas para Acessar o Castelo e continuar a refinar a sua Apresentação Condensada de 1/3... 2/3, à medida que eles se tornam mais proficientes na sua entrega. Por exemplo, alguns clientes inicialmente usam a ferramenta do Ciclo de Abordagem estabelecida para ganhar acesso ao topo mais alto, e então saber onde eles estão, o que pode significar que eles foram demasiadamente alto. Assim, eles selecionarão alvos diferentes dos que tinham usado para verificar como a metodologia funciona.

Há muitos anos, um grande jogador da indústria de serviços de folha de pagamento me contratou para falar na sua arrancada inicial de vendas e gerenciamento. Com um atendimento de cerca de 700 pessoas, o cliente queria uma nota tônica focada sobre os pontos altos do quinto Ativador, Acesse o Castelo. Após concluir a nota tônica e receber uma ovação de pé, fui tocado pelo ímpeto genuíno desse grupo para sair de lá e aplicá-la. A gerência estava satisfeita com a atitude agressiva dos seus empregados e desejava experimentá-la. Falei depois com a gerência, advertindo-os de que o Sistema COL é uma ferramenta poderosa, e que eles poderiam querer gastar algum tempo pensando em como a usariam, onde, em que alvos e em quais clientes e possíveis clientes. A resposta que obtive foi basicamente, "Sim, sim, sim. Bom ponto. Nós consideraremos isso. Obrigado pelos avisos."

Dentro de cerca de 60 a 90 dias, eu soube que uma grande parte da organização de vendas tinha estado à solta usando a ferramenta COL estabelecida no campo. Eles a amavam. Mas a gerência não tinha colocado em prática quaisquer regras coordenadas entre as regiões no sentido de quais companhias, títulos etc. deveriam ser planejados como alvo. Assim, centenas de vendedores ficaram desatrelados por todo o país com uma ferramenta que poderia trazer-lhes mais comissão, porque ela poderia ajudá-los a atingir as pessoas certas e de forma mais rápida. Mas isso foi feito sem muita consideração da gerência sobre a implementação de uma abordagem coordenada e estratégica ao usar sabiamente a ferramenta COL para crescer a sua linha mais importante com contas chave, possíveis clientes, setores verticais chave e negócios já em andamento. Como resultado disso, eu soube que algumas das mesmas companhias estavam "planejadas como alvo"

SEÇÃO DOIS: OS PRINCÍPIOS ATIVADORES | 165

simultaneamente em regiões diferentes pelos vendedores da mesma companhia, solicitando uma entrevista para fazer o discurso de vendas dos seus serviços. Como a sua companhia responderia se ela fosse abordada dentro do mesmo mês ou dois por duas ou três divisões da mesma companhia, solicitando uma entrevista?

Não estou tentando abster você do uso da ferramenta. O meu ponto de vista é que você precisa considerar as várias ferramentas e calibrá-las para o sucesso. Uma vez que o seu pessoal tenha sido treinado sobre a essência dos Ativadores e tenha um plano de como e onde você deseja que eles sejam usados, então você experimentará um impulso máximo. Você não entra numa corrida de carros enquanto não tiver sido treinado em como dirigi-lo e ter a coordenação total da sua equipe. O mesmo é verdadeiro quanto ao uso dessas ferramentas, sem considerar o tamanho das suas vendas e a força do marketing. Elas são ferramentas avançadas e requerem alguma consideração sobre como e onde deverão ser implementadas para atingir os resultados que você deseja.

Nossos clientes também fizeram modificações no seu Instrumento de Validação da Proposição de Valor depois que eles o usaram algumas vezes. Eles adicionaram certas perguntas que haviam esquecido de incluir, como a mudança do formato do documento etc. Isso é o que quero acentuar quando digo "Calibre-se para o Sucesso". Quando os clientes incorporam esses princípios nos seus negócios, é normal experimentar esforços de crescimento que necessitam atenção. Isso ajuda a tornar os princípios mais eficazes a fim de que sirvam ao maior e melhor uso da organização.

Vender é um processo, porque o mercado está constantemente em movimento. "Calibrando-se para o Sucesso" ajuda você a continuamente ajustar a sintonia fina dos Ativadores para os diferentes tipos de negócios que planeja para produtos, serviços e soluções que você traz para o mercado, dando à sua companhia o benefício máximo.

DÉCIMO SEGUNDO PRINCÍPIO ATIVADOR
COMPLETE O CICLO DE INTEGRAÇÃO

QUANDO VOCÊ EXPERIMENTA O SUCESSO EM UMA PARTE DO SEU NEGÓCIO, não tenciona replicar esse sucesso em outras áreas? Isso é uma coisa que eu sugiro com os Ativadores, diante da sua aplicabilidade e valor para as múltiplas áreas dentro do seu negócio.

Isso é do que esse Ativador trata, completando o processo de você ter obtido uma metodologia de vendas comum para planejar o seu alvo, atingi-lo e fechar mais negócios para sua empresa. Ele cria uma linguagem comum, flexível o bastante para ser adaptada aos desafios únicos de cada unidade de negócio; a fim de que você experimente o sucesso em sua primeira iniciativa com esse Ativador, pode completar a sua integração em continuar com a sua aplicação em outras unidades de negócios para ampliar a sua eficácia através da sua companhia.

Um dos aspectos líderes em negócios, tais como este processo, é que ele circula permanentemente. Os profissionais de negócios como os processos, com um ponto de início e fim distintos, circulam no projeto, salientando melhoria contínua. Os CEOs podem permanecer na frente das suas organizações nas reuniões de venda ou dos analistas na Wall Street e compartilhar o Processo Ativador, explicando como eles analisaram cada efeito do obstáculo no seu negócio. Eles podem então conduzir essas audiências através de cada ferramenta do Ativador, explicando o seu valor para as suas organizações, como isso minimizará os obstáculos a tempo, como isso tornará o pessoal da organização mais eficaz, e como a organização pode adaptar o processo para os desafios únicos da unidade de negócio para aumentar as receitas de primeira linha enquanto reduz o custo das vendas.

O Processo do Ativador é um processo lógico que a gerência sênior, a sua força de campo, seus analistas, acionistas e banqueiros podem entender. Isso lhes dará confiança de que você *tem* um processo provado que cada um pode seguir para ajudar a dirigir o seu crescimento para os próximos dez anos e mais.

Como você sabe, a maioria das pessoas de negócios bem-sucedidas não seguem firmemente quando aparece um novo conceito ou processo. Elas precisam ser prudentes, testando o procedimento das oportunidades em particular ou em unidades de negócios específicos que precisam de ajuda imediata ou colocam o mínimo risco se as coisas não seguem muito bem. Mas, uma vez que eles experimentam o sucesso, gostam de replicá-lo em outras unidades de negócio e com as oportunidades onde eles desejam o mesmo impulso.

Incorporando esses princípios no DNA do processo da estratégia de planejamento de metas, busca e obtenção de negócios da sua companhia, você pode ter um impulso mensurável no crescimento da sua primeira linha, reduzindo o seu tempo em um negócio, como também o custo de assegurar negócios e intensificar as margens sobre o ganho do negócio. As histórias de casos da Seção Três evidenciam este sucesso.

Já que você fez o trabalho, por que não estender o valor do seu investimento ao trazer os aspectos-chave, tais como as suas novas proposições de valor, em outras áreas que impactam o crescimento da receita? Por exemplo, clientes que integram certos Ativadores como Metrifique a Mensagem nos papéis em branco das suas comunicações de marketing, de garantia e dos executivos que mostram possíveis clientes e clientes numa mensagem coesa por meio de todos os seus materiais.

O mesmo é verdadeiro se você aplicou os Ativadores no seu serviço ao cliente e nos contatos dos centros de atendimento. Por que não ter cada representante da conta voltado para o cliente e

SEÇÃO DOIS: OS PRINCÍPIOS ATIVADORES | 169

saber como articular as suas novas proposições de valor metrificadas financeiramente? Equipe-os com a habilidade de explicar como podem passar essa mensagem. Você se surpreenderá em saber como o seu pessoal se tornará melhor em vender o máximo da sua base de clientes, trazendo cada vez mais receita. Isso é um impulso contínuo para mostrar aos possíveis clientes e clientes uma identidade e uma mensagem única e coesa. Os Ativadores também podem ajudar a impulsionar os resultados em feiras, convenções e reuniões de usuários. Considere usá-los nas suas relações públicas, propaganda, mala direta e promoções pela internet. Dessa forma, você Completará o Ciclo de Integração ao maximizar o valor que esses princípios podem gerar para a sua organização.

Como mencionado, o Processo Ativador para Negócios operacionaliza esses princípios em clientes atuais, possíveis clientes, oportunidades na indústria vertical e situações em andamento que você determinou como sendo merecedoras de foco e recursos. O que isto significa é que, uma vez que os clientes tenham feito o trabalho sugerido por cada uma das ferramentas, eles então implementarão o seu novo processo em oportunidades que sintam que são merecedoras de uma busca para trazer mais negócios.

Os clientes inicialmente movem-se através de cada princípio num ritmo mais relaxado, se essa for a sua primeira vez. A intensidade e a calibragem dos Ativadores dependem do volume das companhias planejadas como alvo num dado período de tempo. Os clientes interessados numa sistematização da sua abordagem para os setores chave da indústria vertical, passando de um nível ou dois, frequentemente movem-se para as Campanhas do Ativador. Esses são cenários mais agressivos, os quais você aborda distinta e diretamente, competindo com as companhias simultaneamente, apresentando uma proposição de valor comum, com o objetivo de acelerar a taxa de resposta global.

Isso tem sido provado como uma abordagem precisa das forças para sistematicamente buscar e obter mais negócios numa região particular ou vertical. Isso também tem provido resultados em campanhas nacionais. Leia sobre os resultados dessa abordagem nas próximas histórias de sucesso. Os Ativadores são ferramentas efetivas estabelecidas e um processo de melhoria eficaz do negócio, quando uma, duas ou várias companhias são planejadas como alvo num dado período de tempo.

Numerosos clientes, de pequenas companhias privadas a companhias de médio porte e multinacionais, têm tido sucesso na implementação dessas ferramentas. Algumas têm dado um salto no seu crescimento. Outras empregaram princípios específicos, tornando-os parte dos seus processos padronizados de desenvolvimento de negócios.

Para proporcionar um gosto dos testemunhos dando credibilidade à validade e utilidade dos princípios, seguem três Histórias de Sucesso adicionais, mostrando as vantagens dos princípios em cenários diferentes e dando a você uma ideia da diversidade na qual eles podem operar e fornecer valor.

"Subindo a Montanha" refere-se a uma das companhias que eu fundei – uma companhia pequena e privada detida por um vendedor tentando vender a sua tecnologia de discagem preditiva a uma marqueteira de catálogos de um bilhão de dólares, por mala direta (Fingerhut Corporation) e prosseguindo frente a frente com umas poucas companhias de ampla tecnologia, tais como a velha IBM-Rolm, a AT&T, a Rockwell e outras.

"Executar – Criar – Executar" trata de uma consulta gerencial de uma empresa multinacional de integração de sistemas e terceirização que usou uma Campanha de Ativador agressiva em um número definido de companhias. O objetivo dela era vender e fechar contratos plurianuais de volume significativo para um serviço particular, com oferta projetada para impulsionar a sua linha de receita e aumentar a sua competitividade global nessa área específica.

"Vendendo Avião Executivo" tem a ver com uma publicação pequena, de cunho privado, partindo de um avião executivo de luxo. Uma Rápida Campanha do Ativador colocou a sua publicação no mapa – criando forte fluxo de caixa e demanda pelos seus serviços.

Não houve necessidade de aumentar o capital para sair do chão – a sua publicação já estava a bordo.

Cada história é real. Para honrar a confidencialidade do cliente, alguns nomes das companhias não foram revelados. Mas você tomará conhecimento de características suficientes para pintar uma imagem clara do que aconteceu e dos resultados que se seguiram.

Seção Três:

AS HISTÓRIAS DE SUCESSO DOS TRÊS MAIORES ATIVADORES

HISTÓRIA DE SUCESSO DO ATIVADOR: SUBINDO A MONTANHA

Na nossa pequena arrancada com menos de dois anos em nossos ciclos de experiência e fechamento durante seis a dezoito meses, o fluxo de caixa estava apertado. Isso era o cego guiando o cego, buscando nosso caminho como novos empresários vendendo tecnologia de alto preço e qualidade, o que jamais tínhamos feito antes. Nossos produtos, chamados de máquinas de chamada em andamento, estavam se tornando conhecidos como sistemas de discagem preditiva. Estávamos no início da nova tecnologia e tínhamos que explicar o que as máquinas faziam e o valor que elas poderiam prover em cada entrevista.

Por sermos pequenos, era fácil Avaliar o nosso Estado. Não tínhamos muita coisa em andamento, ponto final! Se quiséssemos produzir algum dinheiro, precisávamos começar a caçar algum peixe grande. Sabíamos o que queríamos que o nosso futuro parecesse, então, começamos a fazer pesquisas sobre as companhias no nosso próprio quintal – operações de crédito de grande porte e cobrança. Para a nossa surpresa, uma das maiores companhias públicas de grande porte em Minneapolis tinha uma remota operação de cobrança composta por várias centenas de cobradores, operando em dois turnos por dia, seis dias na semana. Não tínhamos contatos com essa empresa – nenhum – e ninguém do nosso relacionamento conhecia quaisquer executivos chave, então, o acesso a essa montanha de organização seria um desafio. Tínhamos de atingi-los

176 | ATIVANDO RESULTADOS

agressivamente, com uma mensagem corajosa e metrificada, justo para chamar a atenção deles.

Após pesquisa ulterior, soubemos que eles eram um cliente da IBM, operando computadores de alto desempenho para fins de larga escala e que, entre outras coisas, controlavam mais de um milhão de clientes no país.

Após determinar que essa era uma companhia que valia um planejamento alvo, o senso comum nos disse que tínhamos duas escolhas: uma era Acessar o Castelo no nível do diretor de cobrança e tentar criar urgência e entusiasmo suficientes para a nossa mensagem e tecnologia, esperando que elas tivessem bastante sumo para levar-nos aos tomadores de decisão certos. A outra era fazer a abordagem por onde cada um costumava fazê-lo, através da organização de TI.

Uma vez que a organização de TI dessa companhia era bastante forte (centenas de pessoas), e, porque passando pela TI, essa rota imediatamente nos colocaria em risco de ser relegados para uma longa lista intitulada "um outro projeto de TI para ser revisto algum dia", decidimos retroceder e analisar como poderíamos diminuir o nosso tempo de venda ao entrar no nível mais alto da organização com uma mensagem mais concisa, que era basicamente toda sobre os números – os financeiros – e não sobre a tecnologia.

Se pudéssemos obter a reunião certa e eles ficassem impressionados o bastante com a história financeira, talvez esses executivos pudessem dar-nos a oportunidade de cima para baixo, criando urgência suficiente dentro da organização de TI para rever a nossa solução de forma mais rápida, testar o desempenho dos PCs e abençoar a tecnologia, a fim de que pudéssemos fechar o negócio em menos tempo.

Tínhamos Privilegiado o nosso Progresso e estávamos bloqueados nessa montanha, convencendo a nós mesmos que não tínhamos nada a perder. Metrificar a Mensagem então se tornou o nosso foco. Como poderíamos usar um ramo da fria tecnologia (hardware, software e serviços) e dirigir a atenção dos possíveis clientes totalmente fora da tecnologia para os resultados financeiros que lhes poderiam advir?

SEÇÃO TRÊS: AS HISTÓRIAS DE SUCESSO DOS TRÊS MAIORES ATIVADORES | 177

Essa se tornou a nossa estratégia de mensagem – especialmente desde que vários competidores, tais como a IBM-Rolm, a AT&T e a Rockwell estavam falando sobre a sua tecnologia e suas maravilhosas características e benefícios.

Sabíamos por experiência que muitos executivos mais importantes – com exceção do CIO – não se importavam muito realmente sobre a tecnologia trabalhada, justo como fizemos. Eles estavam mais interessados no que isso poderia trazer-lhes em termos financeiros. Portanto, estabelecemos pressão em nossa proposição de valor – colocando o maior número de dentes possíveis, esperando que, quando da abordagem, ela agiria como um laser, trazendo-nos o pessoal sênior que poderia comandar a mudança, cortar a burocracia e fazer com que as coisas acontecessem.

Concordamos que falar sobre a nossa tecnologia na reunião inicial nos desaceleraria e potencialmente nos pulverizaria todos juntos, uma vez que nossos concorrentes de bilhões de dólares apresentaram orçamentos maiores e centenas de referência tecnológicas da clientela *versus* o nosso único cliente. Mencionei que éramos pequenos?

Pela colocação da nossa mensagem, ficou claro que um dos benefícios primários da tecnologia de discagem preditiva era a sua habilidade de aumentar o tempo de conversação de cada cobrador. Soubemos que a maioria dos andares de cobrança manual sem essa tecnologia estava atualmente falando com os devedores numa média de 18 a 24 minutos por hora, por cobrador. O restante do tempo era gasto em descobrir qual o próximo a chamar, discando o número, escutando os toques, sinais de ocupado, três tons etc. Nosso possível cliente tinha uma operação manual. Nossos sistemas automatizados poderiam elevar o tempo de conversação para 42 e 45 minutos por hora e basicamente dobrar o tempo de conversação para cada cobrador. Uma vez que eles empregavam centenas de cobradores por turno, dois turnos ao dia, seis dias na semana, a matemática simples do nosso quadro financeiro seria convincente. Essa foi a declaração de cobertura que dirigimos na nossa carta de abordagem COL. Aqui está a essência do que escrevemos:

178 | ATIVANDO RESULTADOS

"Temos a habilidade de quase dobrar o tempo de conversa de cada um dos seus cobradores, que acreditamos agora ser de 18 a 24 minutos por hora para cerca de 42 a 45 minutos por cada hora.

Isso essencialmente dá à sua organização uma das duas escolhas. Ou os Srs. podem empregar o mesmo número de cobradores e talvez dobrar mensalmente as suas cobranças ou os Srs. podem manter o mesmo nível de devedores que os Srs. atualmente alcançam – mas com a metade dos cobradores. Isto significa poder reduzir a sua folha de pagamento e os benefícios do seguro sobre esses indivíduos em milhões de dólares. A escolha obviamente será dos Srs.

Essa é a nossa proposta para a sua organização. Se os Srs. nos permitem uma reunião com o nível executivo responsável, oferecemos uma análise do negócio por um minirROI gratuito, o qual servirá para validar os nossos número e reivindicações – e então os Srs. terão um quadro mais evidente sobre como as finanças se apresentarão para a sua organização. Esperamos que os Srs. aceitem a nossa oferta, permitindo-nos substanciar como poderemos dobrar os níveis de produtividade das suas operações de cobrança através da nossa análise do negócio por um minirROI gratuito."

Agora que tínhamos Metrificado a Mensagem, nosso nível de confiança ascendeu um ou dois níveis. Estávamos animados a levá-la para eles, porque já era tempo para fechar o negócio quando entrássemos no castelo. Ao fazer o trabalho com a mensagem, tornou-se evidente que a abordagem da organização de TI provavelmente não era sábia, a não ser que eles nos forçassem a uma conversação sobre a nossa tecnologia, a qual não queríamos, porque isso arrastaria uma venda em potencial por meses. A abordagem ao diretor de cobranças também não pareceu ser o caminho certo – provavelmente demasiado baixo na organização. E se esse indivíduo tivesse criado a operação de cobrança e estivesse feliz com o seu tamanho, e então, estaríamos perdidos.

Ao usar a abordagem COL do quinto princípio Ativador, Acesse o Castelo, planejamos como meta vários executivos seniores, os quais, pensamos, poderiam tutelar a nossa mensagem, se eles a vissem. Pesquisamos os nomes e os títulos dos indivíduos no topo de cada maior divisão e função na companhia e selecionamos o presidente/CEO, o SVP de finanças, o SVP de crédito e cobrança e o SVP de operações.

SEÇÃO TRÊS: AS HISTÓRIAS DE SUCESSO DOS TRÊS MAIORES ATIVADORES | 179

Difundimos a nossa proposição de valor via carta COL para esses cinco executivos, solicitando assistência e orientação para obter uma reunião com as pessoas seniores mais apropriadas. Explicamos que gostaríamos de apresentar a nossa história e conseguir a sua concordância para fazer a análise do negócio por um minirROI (o nosso instrumento de proposição de valor). Não sabendo onde aterrissaríamos dentro do castelo, disparamos as cartas personalizadas para cada um dos cinco executivos, por correio regular.

Quase como um toque de varinha mágica, estávamos lá. Dois superiores de finanças perguntaram, "Como? Como vocês podem fazer isso? O que vocês necessitam saber de nós para validar esses números e fazer a sua análise?" Isso foi excelente. E porque tínhamos solicitado uma reunião de 15 minutos, tornando certo de que isso não seria trabalho para eles concederem – a nossa apresentação de 1/3 foi realizada em cinco minutos. A única finalidade de estar lá era obter a sua concordância para fornecer-nos os dados das suas operações de cobranças, a fim de que pudéssemos fazer a nossa análise e retornar para apresentar os nossos achados. Isso foi tudo. Eles concordaram, e não precisamos Manter a nossa Fundamentação dessa vez.

Aparentemente a organização de TI não soube acerca da reunião, mas nos preparamos para um telefonema do diretor de cobrança. Previmos que ele seria um tanto defensivo desde que soubesse sobre a reunião ou tentasse nos fechar todas as portas completamente por inveja e despeito, porque não o tínhamos abordado primeiro. O telefonema jamais chegou. Em vez disso, dentro de umas poucas semanas, recebemos um fax com as respostas à maioria das nossas perguntas referentes às operações de cobrança deles – suficientes para fazermos a análise.

Nossos palpites iniciais referentes às suas operações manuais foram quase certeiros. Tínhamos superestimado o número de cobradores, contudo, como o tamanho da produtividade aumentou – ou as economias com a mão de obra – foram mais substanciais do que tínhamos sugerido. Isso nos permitiria mostrar-lhes como a

180 | *ATIVANDO RESULTADOS*

nossa tecnologia se pagaria por si mesma dentro de oito a nove meses. Depois disso, ela traria economias puras ou um aumento em dólares cobrados – a escolha era deles.

A Pintura Do Quadro Financeiro pela nossa carta de abordagem COL tinha assim nos ajudado bastante a evitar conversações sobre a nossa tecnologia, e deu a impressão de manter os dois executivos financeiros pacientes até que apresentássemos a análise ROI. Na reunião número dois, os mesmos dois indivíduos financeiros estavam presentes. Em menos de 25 minutos, nós os tínhamos encaminhado por uma Apresentação de Imersão do Formato 1/3... 2/3 delineando como tínhamos realizado a sua análise do negócio por um minirROI e as conclusões correspondentes de como nossos sistemas poderiam emitir a história financeira. Nem PowerPoint nem sala escura. Estávamos por cima e nos movendo, mantendo a energia e o interesse em altos níveis. Isso nos permitiu validar a nossa proposição de valor inicial pela carta – usando os dados que eles nos forneceram e caminhar com eles mostrando como seus números poderiam ser melhorados com os nossos sistemas.

Eles receberam a informação quase em descrédito, com uma atitude de "Como isso pode ser possível? Quero dizer, os seus números são muito convincentes. Pensei justamente que as nossas operações de cobrança estavam em um excelente nível de desenvolvimento – operando muito bem se comparável com as operações do país."

Os dois executivos financeiros solicitaram uma terceira reunião de 60 minutos, e imaginamos quem mais estaria presente em adição aos dois patrocinadores. Se você pensou o CIO, está certo. Também estavam presentes o SVP de crédito e cobrança, o vice-presidente de crédito e cobrança e o diretor das operações de cobrança do andar. Não estamos tão certos ao lembrar o número exato de pessoas e seus títulos com precisão, mas você já entendeu. Fomos instruídos para reapresentar a nossa análise do negócio pelo minirROI, o que fizemos em 20 minutos, usando os gráficos de inversão e a Técnica de Imersão do Formato de 1/3... 2/3. O tom na sala era amistoso e cordial.

SEÇÃO TRÊS: AS HISTÓRIAS DE SUCESSO DOS TRÊS MAIORES ATIVADORES | 181

Após o término da apresentação, as perguntas afloraram. Você pode imaginar o que o CIO perguntou baseado no fato de que ele jamais tinha ouvido falar de nós ou da tecnologia de discagem preditiva. Suas perguntas foram todas acerca da tecnologia. O diretor de cobrança das operações do andar também fez numerosas perguntas e pareceu ser a pessoa indicada a prover os dados de cobrança do andar a fim de que pudéssemos completar a análise do negócio pelo minirROI.

A dinâmica na sala era fascinante. Ficou claro que o quadro financeiro que pintamos para os dois executivos seniores tinha atraído a atenção deles – tanto que, dentro de umas poucas semanas, a organização estabeleceu uma força-tarefa formal de aproximadamente dez pessoas e encarregou-as de criar as especificações da cobrança do andar e dos requisitos da tecnologia para a aquisição de uma potencial tecnologia de discagem preditiva. Uma RFI (solicitação para informação) foi então enviada para mais de 20 diferentes vendedores em potencial.

Saímos para as corridas. Os 12 meses seguintes foram um longo processo de reuniões mensais, algumas vezes bimestrais com a força tarefa à medida que eles gradualmente comparavam a sua lista de vendedores em potencial a uns poucos finalistas. Durante esse tempo a força tarefa nos batizou de "os Garotos dos Gráficos de Inversão". Eles brincavam conosco sobre como desvelávamos nossos gráficos de inversão à medida que caminhávamos em volta da sala de conferência. (Não havia uma expressão tal como, "Se eles estão lhe provocando, isso significa que eles gostam de você?") No nosso entendimento, éramos mais fáceis de compreender do que alguns dos nossos concorrentes que vieram com engraçadas amostragens de slides de PowerPoint e outras técnicas de mostrar e dizer.

Durante o ano das reuniões com a força-tarefa, usamos o nono Ativador, Conduza o Concerto, frequentemente. Isso pode ser fácil para qualquer organização de bilhões de dólares ser envolvida pelo seu poder e tamanho. O quadro financeiro que mantivemos na frente deles serviu como um nivelador eficaz para aqueles que tentaram bloquear ou desacelerar os nossos esforços. E o nosso palpite era que provavelmente tínhamos níveis de acesso maior aos executivos seniores do que talvez qualquer um dos nossos competidores, baseados no que tínhamos eleito para entrar 12 meses antes.

Na apresentação final, após meses de reuniões detalhadas, o primeiro terço da apresentação levou 30 minutos. O que apresentamos foi basicamente o mesmo quadro financeiro que tínhamos compartilhado 12 meses antes – acoplado com uma sinopse breve e condensada do porquê da nossa tecnologia *versus* outros finalistas, a qual foi a melhor resposta para as suas necessidades determinadas e requisitos técnicos. Uma semana ou duas mais tarde, recebemos um telefonema do chefe da força-tarefa comunicando que tínhamos sido selecionados como seu vendedor de escolha e deveríamos retornar aos escritórios da companhia para passar em revista os termos específicos que eles desejavam no contrato referentes às especificações de desempenho, aos prazos de pagamento etc.

Não podíamos evitar e perguntamos como dois rapazes com uma introdução derrotaram a IBM-Rolm, a AT&T, a Rockwell e várias outras concorrentes formidáveis. Isso foi porque tínhamos uma tecnologia melhor? Ou isso foi porque existem coisas um pouco mais difíceis de definir do que fizemos ao longo do caminho? Coisas tais como a inclusão de métricas na nossa mensagem, fazendo isso muito mais fácil de entender do que se eles nos tivessem contado em primeiro lugar e investigado essa tecnologia um pouco mais a fundo. E, ainda, como Acessamos o Castelo, o qual nos ajudou a causar tensão no nível sênior em torno da nossa mensagem financeira, criando a urgência que fez com que a força tarefa fosse criada. Lembre-se, eles não estavam buscando uma solução para as suas operações de cobrança. Então você pode dizer que, com essas ferramentas, criamos uma oportunidade fora do todo. Especificamente Pintamos o Quadro Financeiro dos resultados que eles poderiam esperar ver dentro de certas faixas e continuar Conduzindo o Concerto lembrando-os disso. (Esse foco financeiro consistente ajudou a mitigar algumas das politicagens que surgem ao longo do caminho por aquelas pessoas que estão em toda companhia e parecem não sair do seu próprio caminho.)

Por serem concisas e fáceis de acompanhar todas as Apresentações de 1/3... 2/3, eles apreciaram as nossas visitas mais do que ninguém? A discussão sobre a Entrega da Última Apresentação! Apesar de eles terem

SEÇÃO TRÊS: AS HISTÓRIAS DE SUCESSO DOS TRÊS MAIORES ATIVADORES | 183

frequentemente brincado sobre a natureza antiga do Formato 1/3... 2/3, eles apreciaram a sua simplicidade e brevidade – para não mencionar que isso foi mais fácil de seguir. A provocação não nos incomodou.

Sem dúvida, os Princípios Ativadores foram inestimáveis ao aterrissar nesta montanha de oportunidade, os quais nos ajudaram a ser colocados no mapa. Isso nos deu confiança, ímpeto e uma plataforma respeitável que pudemos aproveitar em novas oportunidades do nosso Privilegiado Progresso.

HISTÓRIA DE SUCESSO DO ATIVADOR: EXECUTAR – CRIAR – EXECUTAR

Chegou a hora de compartilhar um sucesso de um cliente de grande porte – uma multinacional de gerenciamento de consultoria, integração de tecnologia e firma terceirizada com muitas áreas de atuação e milhares de profissionais talentosos empregados no mundo inteiro.

Talvez a sua primeira questão seja: Por que uma firma de sucesso global com muitos clientes satisfeitos usaria os Ativadores? Não posso compartilhar todos os detalhes sobre as empresas específicas que eles planejaram como alvo ou a elevação marginal em receitas, fora do respeito com a confidencialidade do cliente. É suficiente dizer que eles ficaram bastante satisfeitos com um retorno de mais de cinco vezes sobre o investimento deles que, para o melhor do nosso conhecimento, as pessoas treinadas nas ferramentas continuam a usá-las para fechar negócios de grande porte com menos tempo – e para ajudar a avaliar o escopo potencial das oportunidades de forma precoce no processo de cortejo.

Quando a bolha ponto-com lançou sua magia sobre a indústria tecnológica, contratou dramaticamente o gasto por um período de anos. Seguiram-se os ataques terroristas de 11 de setembro sobre a América. Centenas de jogadores tecnológicos de todos os portes começaram a experimentar trancos e barrancos de todas as formas e modelos. A

184 | ATIVANDO RESULTADOS

mudança constante era a ordem do dia. Isso incluiu falência, Capítulos Sete e Onze, redução maciça, reorganizações trimestrais, fechamentos de escritórios etc.

Foi durante esse tempo que a nossa companhia foi contratada para atender consultoria significativa em uma área à qual chamaremos de Distribuição de Produtos – Varejo do Cliente. O cliente tinha criado um novo serviço oferecendo que ele queria agressivamente vender a um grupo de companhias nacionais de bilhões de dólares planejadas como alvo, o qual ele tinha identificado como possíveis clientes em potencial – todos em uma indústria vertical particular. O jogo final era fechar contratos plurianuais desta oferta que chamaremos de Executar – Criar – Executar.

A consideração da empresa pareceu bem fundada e ela queria a nossa assistência na revisão da estratégia e proposição de valor do negócio, assim como quanto ao plano de acesso aos executivos seniores metas, para atender as reuniões das qualificações iniciais nas empresas que ela tinha identificado.

Diante de a oferta ser de tecnologia orientada, o cliente idealizou reuniões com o executivo mais importante de tecnologia das entidades alvo – cada uma entre dois e dez bilhões de receita anual – que seria a área apropriada para começar.

Após ouvir os objetivos do negócio, a estratégia de abordagem e a proposição de valor da oferta, verificou-se que havia potenciais lacunas e questões não resolvidas de como o plano caminharia. O nosso trabalho com os Princípios Ativadores tinha nos ajudado a tornar-nos bastante precisos quanto a detectar problemas em potencial referentes à abordagem e sua implementação antes que eles ocorressem.

Começamos o trabalho seguindo o Processo Ativador para o Negócio – aplicando a ferramenta estabelecida para cada Ativador quanto aos seus objetivos e prazos determinados. Como em qualquer consultoria de grande porte, as organizações fortemente matriciais tais como essas podem algumas vezes apresentar confusão para os seus clientes e também para aqueles dentro da organização, em termos de quem está planejando

SEÇÃO TRÊS: AS HISTÓRIAS DE SUCESSO DOS TRÊS MAIORES ATIVADORES | 185

quem como alvo e por que.

Nesse caso, a área de atuação encarregada da descoberta da receita para esta nova oferta estava esperando orientações e referências de outras áreas de atuação dentro da empresa, mas elas não chegavam. Portanto, a decisão tomada foi a de que eles atuariam de acordo com a sua própria diretiva de organização de vendas, planejando como alvo este grupo inicial de companhias, que parecia ser um bom candidato a um contrato plurianual para esta oferta particular.

Em um sentido, você poderia dizer que eles já tinham Avaliado o seu Estado, Projetado o seu Futuro e Privilegiado o seu Progresso antes de nos contratar. Contudo, quando começamos a colocar Dentes na sua mensagem – porque não havia métrica, no que nos diz respeito – o cliente tornou-se mais aberto quanto a revisitar a audiência que eles desejavam nas suas reuniões iniciais. Eles sabiam por experiência que esses tipos de transação poderiam levar 12 ou mais meses para buscar, qualificar e fechar o negócio e eles queriam reduzir o horizonte temporal, se de todo possível.

Nós os convencemos de que, se a métrica – os Dentes – fosse suficientemente convincente, a abordagem do CIO ou do executivo mais importante de tecnologia era a área errada para entrar, e que o CEO, o presidente e o CFO eram os melhores candidatos a receber a sua mensagem, porque se eles a apreciassem, eles eram as pessoas que iriam dirigir os negócios de cima para baixo e potencialmente fechá-los muito mais rápido.

Eles aceitaram a lógica, então, recalibramos o seu futuro e reprivilegiamos o seu sucesso ao agrupar certas companhias competitivas na sua lista de planejamento alvo na Campanha de um Ativador – uma técnica de ação rápida mais sofisticada projetada para situações em que pode ser necessário ou apropriado abordar múltiplas companhias simultaneamente com uma proposição de valor comum que poderia beneficiar a todas – e onde uma ação mais rápida seria desejada.

Por meio do quinto Ativador, Acesse o Castelo, eles selecionaram três executivos que realmente gostariam que estivessem presentes na sua reunião inicial de uma hora – o CEO e/ou o presidente, o COO e o CFO. Este seria um grupo difícil de juntar ao mesmo tempo, na mesma sala, em meados de julho, quando parece que toda a gerência sênior dos Estados Unidos entra de férias.

O cliente ficou convencido de que se ele pudesse administrar essa audiência, poderia dramaticamente reduzir o seu tempo para um negócio. Escrevemos a sua carta multipaginada de abordagem COL, a qual foi calibrada para os três executivos que ele desejava para a primeira reunião, Pintando o Quadro Financeiro de um desempenho de redução de custo que poderia potencialmente trazer milhões em economia no curso do prazo multianual.

Esperamos e preparamos o nosso cliente para a ofensiva do executivo de tecnologia, já que ele ou ela tornou-se ciente das cartas, uma vez que essa era uma oferta relacionada com a tecnologia, e que não podíamos prever a trajetória das cartas dentro da organização depois da sua aterrissagem. A carta foi cuidadosamente elaborada a fim de não alienar o nosso cliente do executivo de tecnologia, mas, em vez disso, explicar por que ele ou ela não necessitava estar presente na reunião inicial em virtude de ser 100% dedicada aos números.

Em junho e julho orquestramos uma Campanha de Ação Rápida do Ativador onde o nosso cliente simultaneamente abordou 36 companhias nacionais. Todas as 108 cartas de abordagem customizadas COL chegaram com precisão militar (36 companhias, três executivos por companhia). Como resultado disso, 16 organizações concederam as reuniões e, em cada reunião, com exceção de uma, o CEO/presidente, o COO (se eles tivessem um como empregado) e o CFO estavam todos presentes na mesma sala. Todas as 16 reuniões iniciais foram realizadas em um horizonte temporal de cerca de oito semanas – precisas como um relógio.

O cliente estava maravilhado com a velocidade do acesso a esses executivos seniores. Ele ficou também deliciado por ser capaz de entrar no topo da organização de início e numa divisão diferente do que tinha tipicamente planejado para iniciar a abordagem com este tipo de oferta. Ele sentiu que este movimento ajudou a armazenar tensão de uma forma

SEÇÃO TRÊS: AS HISTÓRIAS DE SUCESSO DOS TRÊS MAIORES ATIVADORES | 187

mais rápida com a sua mensagem, que agora tinha mais DENTES. Para completar, nenhuma das reuniões foi cancelada – algo que eles estavam acostumados a fazer – e os executivos realmente apresentaram-se, como prometido. Isso foi algo muito bom para ser verdadeiro.

Como o cliente Pintou o Quadro Financeiro pela sua Apresentação de 1/3... 2/3, aproximadamente cinco companhias concordaram com a avaliação financeira baseada em taxa, a qual rendeu algumas partes do negócio fechado em menos tempo do que o cliente estava esperando.

Eles realizaram um trabalho de arte ao Manter a sua Fundamentação e Conduzir o Concerto, administrando a interferência entre os executivos de tecnologia e finanças ao garantir os dados de que eles precisavam para Harmonizar-se quanto ao Dinheiro e fechar o negócio.

O Processo Ativador e a Campanha de Ação Rápida calibrada ao cliente proveram uma calibragem muito maior às reuniões iniciais, atadas com múltiplos executivos seniores que tinham o poder e a autoridade para tomar a decisão (num ambiente de grupo mais confortável e seguro), porque eles entenderam o quadro financeiro que foi pintado. Esta se tornou uma das razões por que as oportunidades foram concluídas mais rapidamente.

Baseados na experiência é nossa opinião que a maioria das grandes firmas confia no seu porte e/ou dominância de mercado para chegar à porta. O Processo Ativador mostrou a esta companhia um novo pensar. Verdade seja dita, ela realmente não teve problemas em conseguir acesso ou ela não seria uma multinacional de bilhões de dólares. Contudo, eles aprenderam que o estabelecimento de uma ferramenta poderia diminuir ainda mais o seu tempo para um negócio – algo que cada companhia gostaria de fazer. Eles implementaram esta metodologia estruturada e a estratégia de execução para sistematicamente abordar várias companhias pela sua tela de radar com o objetivo de fechar negócios num horizonte temporal reduzido. E isso foi o que aconteceu com essa iniciativa. Como podem os Ativadores ajudar você a fazer alguma coisa semelhante?

HISTÓRIA DE SUCESSO DO ATIVADOR: VENDENDO AVIÃO EXECUTIVO

No coração do sul encontra-se um editor privado de uma publicação de alto luxo de avião executivo. A visão desta revista exclusiva estava claramente formada na mente do seu empresário fundador quando ele nos contatou sobre o seu conceito. Ele imaginava como o Processo Ativador poderia ajudar com que a revista fosse lançada sem que ele precisasse abordar os mercados de capital para financiar a fase de partida inicial. Ele não queria dar metade do patrimônio do negócio para sair do chão.

O fundador era sincero quanto ao fato de o mercado não necessitar de outra publicação de alto luxo de avião executivo para atender negociantes estabelecidos de aviões privados para fazer a propagada e vender o seu inventário. Ele explicou que, apesar de ser uma comunidade "restrita", seria difícil romper, ele sentia que poderia prover suficiente diferenciação entre as publicações atuais para criar e manter um negócio viável.

Parecia que ele tinha Avaliado o seu Estado parcialmente, explicando a intensidade da competição e a dificuldade de romper esses negociantes estabelecidos, que tinham relacionamento de longo prazo com outras publicações. Também pareceu que tinha Projetado o seu Futuro porque ele estava ciente de que, como o novo garoto na área, necessitaria de tensão no topo dos negociantes que ele estava planejando como alvo. As reuniões com os diretores de propaganda ou marketing não deslanchariam porque as decisões se estenderiam em demasia, e finalmente iriam parar no nível executivo de qualquer forma.

Como ele visava a lista das 40 companhias que ele pensava serem alvos valiosos, porque acreditava que eles teriam recursos para as taxas de um contrato de um ano inteiro, começamos a fazer perguntas. Queríamos entender a extensão do ciclo de fechamento para este tipo de venda de anúncio, a complexidade da venda e quais firmas

SEÇÃO TRÊS: AS HISTÓRIAS DE SUCESSO DOS TRÊS MAIORES ATIVADORES | 189

na sua lista estavam concorrendo umas com as outras. Também queríamos entender a sua capacidade de lidar com os negócios se as coisas andassem bem e ele fechasse 25% das quarenta companhias. Na verdade, estávamos perguntando se ele podia segurar o negócio se tudo viesse de uma vez – ou se ele teria de recusar algumas delas?

Seus comentários ajudaram-nos inicialmente a Privilegiar o Progresso, o qual refinamos quando soubemos que o fluxo de caixa estava apertado e que o negócio precisava aterrissar dentro de 90 dias, ou ele seria forçado a tomar algumas decisões desagradáveis. Compreendemos e pedimos permissão para revisitar o seu Privilegiado Progresso após tê-lo ajudado a adicionar a Métrica à Mensagem e determinado como ele poderia melhorá-la para Acessar o Castelo desses 40 proprietários independentes e negociadores de aviões rapidamente através do país.

Em virtude de as publicações existentes estarem bem estabelecidas e operando bem, os DENTES da oferta precisavam ser excessivamente convincentes. Ele necessitava de um golpe duplo devastador articulado porque o possível cliente expandiria o seu orçamento e gastaria dólares adicionais numa nova publicação ou realocaria os dólares fora de uma publicação que ele já estava usando. Essa era uma mensagem corajosa, de fato, especialmente para uma partida inicial desconhecida.

O editor assinou a proposição de valor que ajudamos a modelar, porque sabíamos por experiência onde estávamos indo ao aconselhá-lo a entrar nessas 40 companhias. Naturalmente, esse cliente necessitava assinar compromissos de propaganda TÃO LOGO QUANTO POSSÍVEL, porque seria demasiadamente arriscado ACESSAR O CASTELO em um nível mais tradicional, tal como o diretor de propaganda ou marketing. Ação era o que ele queria. Portanto, aconselhamos o Acesso ao Castelo no topo – o proprietário, presidente e/ou o CEO. Devido às necessidades de fluxo de caixa, ele não hesitou em aceitar o nosso conselho.

O editor também montou uma Apresentação conjunta de 1/3... 2/3 que poderia ser entregue via convocação para conferêi cia para economizar dinheiro com despesas de viagem, reduzindo o horizonte temporal da assinatura do negócio. Este foi o único meio de expulsar aquelas companhias que estavam a sério naquela vitrine.

190 | *ATIVANDO RESULTADOS*

O quadro financeiro pintado na proposição de valor era forte, mas necessário, baseado nos objetivos do negócio que o nosso cliente tinha estabelecido. Não estávamos em liberdade para compartilhar a proposição de valor, mas ela continha incentivos fiscais para aqueles que desejassem pagar adiantado e comprometer-se com um ano de propaganda.

De forma concisa, o Privilegiado Progresso que aconselhamos era jogar todas as 40 companhias umas contra as outras pela simples oferta de assinatura de aerodinâmicas de ponta para os doze primeiros negociantes de avião – na essência, congelando todos os outros de lançar seu carro-chefe em publicação exclusiva por um ano inteiro.

Cada um dos 12 tinha que se comprometer com os termos e assinar um contrato de 12 meses por certa data. Os 12 negociantes que concordassem em participar de um ano de publicação teriam os primeiros prazos da assinatura para um segundo ano – continuando a congelar os concorrentes que eles poderiam não querer anunciar na publicação seguinte. Como mencionado, havia também um incentivo financeiro para os 12 iniciais pela assinatura de um compromisso para anunciar numa data requerida.

Estávamos envolvidos com a escrita, a reescrita e a calibragem da página cinco da carta de abordagem pelo Ciclo de Alavancagem para a audiência com o executivo que o cliente queria acessar rapidamente. Empregamos uma Campanha de Ação Rápida do Ativador pela qual todas as cartas de abordagem COL escritas ao cliente aterrissaram simultaneamente nos executivos das 40 empresas planejadas como alvo.

Isso funcionou. As pessoas frequentemente querem o que não podem ter, e, quando alguma coisa é oferecida e depois essencialmente retirada, isso algumas vezes cria a urgência necessária para produzir a ação – se a proposição de valor for de interesse. Nesse caso, era. No final do dia, opondo 40 companhias entre si e comunicando corajosamente que somente 12 negociantes seriam permitidos no carro-chefe do primeiro ano da publicação exclusiva, criou-se a urgência inicial requerida para provocar a ação sobre a oferta.

SEÇÃO TRÊS: AS HISTÓRIAS DE SUCESSO DOS TRÊS MAIORES ATIVADORES | 191

O cliente conta que, mesmo antes de começar a verificar a secretária eletrônica para saber se os executivos estavam interessados numa convocação para conferência, alguns dos proprietários o estavam ligando com a mensagem básica, "Estou nessa. Conte-me como um dos 12. Mande-me o contrato para a minha revisão." Como você pode imaginar, o editor estava voando alto.

Manter a sua Fundamentação e a Condução do Concerto não pareceu ser problema neste engajamento. A carta de abordagem COL acoplada com as estratégias de ritmo e o nível no qual entramos no castelo com DENTES convincentes, sensíveis ao tempo na proposição de valor, permitiram que o cliente imediatamente se Harmonizasse quanto ao Dinheiro.

Com surpreendente velocidade, o cliente fechou e assinou 12 compromissos de propaganda dentro de aproximadamente dois meses, e tinha também cobrado os pagamentos iniciais, evitando a necessidade de procurar capital para o início das atividades. Ele estava se deslocando na pista para a decolagem.

Com o entusiasmo de uma líder de torcida, o editor tornou-se um conversor de poder e meio sistemático pelo qual o Processo do Ativador trabalhou. Durante nosso balanço, ele comentou que tão logo ele teve a publicação inicial em curso, quis repetir o processo, usando uma Campanha de um Ativador customizado num diferente segmento de mercado para expandir a sua base de anunciante para a publicação. Aqui estava outro cliente conversor de poder que o Processo Ativador pode prover quando a companhia aproveita o tempo para seguir os princípios na ordem na qual eles foram projetados para serem usados. O resultado é a obtenção do valor.

Constam numerosos clientes de sucesso onde justamente uns poucos Princípios Ativadores proveram um resultado agradável para o usuário. A maior e mais importante pergunta é: Onde os Ativadores podem prover o mais alto e melhor uso para o seu negócio? Após você e o seu pessoal terem terminado a leitura deste livro, esta é uma excelente pergunta para discutir com os seus observadores, e então você pode estabelecer o consenso sobre onde começar na sua companhia.

Seção Quatro:

MOVENDO-SE PARA FRENTE

CUSTOMIZANDO O PROCESSO PARA AS APLICAÇÕES DO SEU NEGÓCIO

*T*AL COMO QUALQUER PROGRAMA DE SOFTWARE GENÉRICO BEM ACEITO, OS ATIVADORES não podem tipicamente realizar a miríade de aplicações que uma companhia pode necessitar sem algum nível de customização. A maioria das ferramentas do mercado é projetada para realizar uma linha de base para as tarefas, mas deve ser customizada de acordo com os objetivos e resultados desejados para o negócio antes de prover o valor máximo. E assim é com os Ativadores.

A finalidade primária deste livro é compartilhar a natureza básica dos 12 obstáculos a fim de que você possa determinar quais deles estão impedindo o crescimento da receita e o progresso da sua companhia. Meramente descrever os obstáculos provê valor, porque isso ajuda as companhias a focar um holofote sobre os problemas que estão bloqueando o seu progresso.

Os Ativadores consideram as coisas um passo à frente ao exibir cada princípio e o modo pelo qual eles podem trabalhar juntos para prover uma solução coesa para o seu negócio.

Você se lembra do esmagador sucesso internacional dos *7 Hábitos das Pessoas Altamente Eficazes* (*The 7 Habits of Highly Effective People*), do Dr. Stephen R. Covey, em que ele definiu e descreveu os Sete Hábitos? Esse foi um livro muito convincente de fato, e a reação ao mesmo

196 | *ATIVANDO RESULTADOS*

foi poderosa através do mundo com milhares de unidades vendidas. Lembro-me de ouvir muitos executivos talentosos descreverem as suas reações ao livro e aos Sete Hábitos.

Alguns executivos acharam que essa foi uma boa leitura, fornecendo informação valiosa que eles poderiam aplicar imediatamente ao seu pessoal e às vidas profissionais sem a necessidade de investir na customização dos Sete Hábitos quanto aos seus objetivos específicos. Eles consideraram que um investimento ulterior não era necessário, porque o conteúdo foi muito bem apresentado e explicado, permitindo-lhes "levar a partir daí", para usar a sua linguagem.

Houve, e ainda existem, vários outros executivos seniores e proprietários de negócios inspirados pelo conteúdo do livro que se tornou uma ferramenta informativa. Essas pessoas viram o valor real de adotar os hábitos nas suas vidas pessoais e profissionais e onde estavam querendo investir além e aprender como eles poderiam ser aplicados e entrosados às suas aplicações, metas e objetivos. Essas são as pessoas que levaram os Sete Hábitos a um nível maior, ganhando benefício adicional.

O livro de Covey criou um negócio de treinamento e consulta gerencial que cresceu a mais do que 90 milhões de dólares em receitas anuais antes de ser adquirido por Franklin Quest. Esta é uma indicação dos milhares de negócios e pessoas que investiram além, no entendimento de como os hábitos poderiam ser mais bem aplicados em suas próprias situações, recebendo valor adicional bem superior do que o livro forneceu. De fato, as asserções de Franklin-Covey serviram a mais do que quatro centenas das companhias da *Fortune 500*. Isso mostra de alguma forma que o grande valor tem sido e continua a ser provido àqueles princípios atemporais. O que isso significa é que, como você lê e talvez releia este livro, você pode ver como um investimento em ter o seu pessoal treinado nos Ativadores chave, em seguida formar o processo da essência das suas ofertas e os mercados planejados como alvos garantiriam um excelente retorno. Muitos que seguiram os princípios de Covey, ao adaptá-los ao seu próprio negócio, experimentaram retorno substancial. E você poderia ter o mesmo tipo de retorno e ROI se adaptasse essas ferramentas aos seus objetivos

SEÇÃO QUATRO: MOVENDO-SE PARA A FRENTE | 197

chave, treinando e dando suporte ao seu pessoal à medida que eles aprendem a implementar essas ferramentas no campo, direcionadas aos alvos específicos que você estabelecer como parte dos seus objetivos de crescimento.

Como diz a expressão, "Você obtém aquilo pelo que você paga". Qual trilha você vai escolher? Eu tenho tentado prover valor genuíno por este livro de forma que as descrições dos obstáculos e os Ativadores ajudem o seu negócio a ir em frente. Alguns se sentirão inspirados pelo poder simples e pelas eficiências dos Ativadores e desejarão adaptá-los às necessidades específicas do seu negócio para ganhar um retorno ainda maior. Você tem a oportunidade de engajar um "ACE": um Executivo Cliente do Ativador que pode ouvir as suas metas e dar-lhe orientação de como melhor realizar os resultados desejados por você. Seria um prazer ajudar você a reduzir seu(s) ciclo(s) de vendas e levar o seu negócio a um nível superior.

TRANSFERINDO O CONHECIMENTO E A HABILIDADE ADAPTADA AO SEU PESSOAL

COMO UMA EXTENSÃO DA CONVERSA SOBRE CUSTOMIZAR OS ATIVADORES e o Processo Ativador nas aplicações específicas do seu negócio, vamos abordar o próximo passo – a transferência do conhecimento e da habilidade estabelecida para o seu pessoal. Este tópico evoca um argumento secular de que as empresas de desenvolvimento de consultoria gerencial, treinamento e capacidades lutam numa base diária com os clientes e possíveis clientes.

O tempo limite do campo, como os proprietários de negócios e os executivos seniores o descrevem, parece ser o ponto nevrálgico do debate. Muitos executivos consideram o tempo limite do campo uma perda de produtividade irrecuperável que impactará negativamente os números. Minha pergunta é: Isso verdadeiramente é um problema real que alguns programas de treinamento não impulsionam diretamente a geração de receita de primeira linha, não reduzem o tempo do fechamento de uma oportunidade ou não diminuem o custo das vendas? Talvez isso seja porque o debate tenha se tornado tão pegajoso para as companhias ao considerar um investimento nas capacidades e habilidades do seu pessoal.

Os Princípios e o Processo do Ativador são projetados para ajudar a impulsionar o crescimento de primeira linha, reduzir o tempo de um negócio e diminuir o custo de proteção do negócio. Dito isso, como você convincentemente argumenta que, ao tirar o seu pessoal do campo por um curto período de tempo, criaria uma perda de produtividade se, de fato, o oposto é verdadeiro?

Considere isso ao investir num programa que pode ensinar a sua equipe como usar as ferramentas provadas no campo que poderiam ativar as suas capacidades e habilidades, tornando-a mais proficiente e produtiva a fim de que ela possa realizar mais negócios.

Isso parece ser o centro da conversação se você considerar investir no seu pessoal para maximizar a sua proficiência com os princípios.

Certos Ativadores têm programas de treinamento, módulos de consultoria e oficinas associadas com os mesmos que se focam num Ativador em particular – tanto como ele trabalha e como aplicá-lo de forma mais eficaz. Existem programas de níveis avançados, como também para aqueles que desejam dominar os princípios. A opinião de um consultor contínuo também está disponível para dar suporte àqueles que tenham terminado o treinamento e as oficinas e estejam prontos para adaptar as ferramentas às aplicações específicas.

Talvez ocorra ao seu nível de convicção pessoal sobre como os Ativadores poderiam impulsionar positivamente o seu negócio para os anos vindouros. Minha sugestão é manter o argumento do "tempo limite do campo" na perspectiva própria porque, na análise final, a sua decisão de trazer o seu pessoal para acelerar-se nos princípios para que eles se tornem mais produtivos superará largamente aquele argumento em qualquer dia determinado.

APLICAÇÃO NO MUNDO REAL, IMPLEMENTAÇÃO E EXECUÇÃO

*A*VANÇANDO MAIS UM PASSO, A APLICAÇÃO NO MUNDO REAL, A IMPLE-
MENTAÇÃO e a execução dos princípios são onde a borracha
encontra a estrada. (N.T.: a segurança da excelência da prática.) Neste
sentido, tenho fornecido histórias de sucesso por meio do livro,
pretendendo estimular o seu pensamento sobre quais ferramentas
podem prover melhor valor para o seu negócio.

Não existem sinais de advertência sobre esse material, tais
como, "Não opere maquinário pesado enquanto implementar os
Ativadores" ou "É importante usar um capacete e óculos de proteção
ao usar os Ativadores".

Contudo, o senso comum sugeriria que isso pudesse ser uma boa
ideia (se você não for fazer o treinamento sobre os Ativadores chave)
que você começasse a usar inicialmente os tipos de oportunidades
"B" ou "C". Familiarize-se com os princípios ao tentar usá-los em
oportunidades que não sejam de extrema importância para o negócio.
Isso fornecerá a você a latitude para arriscar, cometer erros e se
acostumar com o modo como os Ativadores podem trabalhar melhor
para você.

Lembre-se, você obtém aquilo que paga. Considere investir no
treinamento ou, no mínimo, em algum nível de consultoria sobre

202 | *ATIVANDO RESULTADOS*

como adaptar as ferramentas em sua lista de oportunidades "A". Isso se aplicará, não importa qual seja a natureza do seu negócio e os preços dos seus produtos, serviços, soluções ou conceitos. Um grande valor tem sido prestado nessas situações, como descrito nas histórias de sucesso.

Uma última palavra sobre o gerenciamento das suas expectativas quando você implementar os princípios. Se você jamais bateu uma bola de golfe ou se você é um jogador mediano num bom dia, é justo esperar que dispare par? Provavelmente não – de fato, naturalmente não. Quando você começar a usar os princípios, não espere o mundo em termos de resultado. Não é justo com os princípios, nem com você. Raramente as pessoas que se bloqueiam para uma nova abordagem a dominam num lampejo. Estabeleça as suas expectativas de acordo. Permita-se erros. Assim é como você aprende a usar as ferramentas e torna-se proficiente no seu uso algum dia.

Muitos que tentaram antes de você e aplicaram os princípios obtiveram sucesso. Então, pratique até que veja os resultados por você mesmo e experimente o poder e o valor dos Ativadores.

Obrigado pelo seu tempo. Felicidades e aproveite.

Seção Cinco:

ONDE SOLICITAR AJUDA

O VALOR DA AVALIAÇÃO DOS OBSTÁCULOS E COMO CONSEGUI-LA PARA O SEU NEGÓCIO

COMO EXPLIQUEI PELO PRIMEIRO ATIVADOR, AVALIE O SEU ESTADO, as Avaliações dos Obstáculos ajudam você a entender e ver mais claramente esses obstáculos impedindo o crescimento da sua companhia. Essa informação é importante, porque ela não só ajudará você a identificá-los como também a determinar aqueles que necessitam ser corrigidos imediatamente.

Esse processo pode irradiar uma luz valiosa, porque os indivíduos que fazem a avaliação são você, a equipe gerencial, os indivíduos dentro do marketing, vendas, desenvolvimento do negócio, serviço ao cliente, consultores de campo e gerenciamento de campo, cujas opiniões são extremamente importantes dentro da companhia. Isso é porque a experiência é relevante – ela vem do seu próprio pessoal. E uma vez que vocês são capazes de rever a informação, podem tomar decisões mais adequadas sobre como Projetar o seu Futuro e Privilegiar o seu Progresso.

Você tem opções em termos de avaliação, baseado no porte da sua companhia e no número de pessoas que você gostaria que participassem. As suas escolhas também incluirão uma visita ao local pela equipe que vai conduzir a avaliação, ou talvez fazendo no próprio local. Para aprender mais, favor visitar **www.accelerantinternational.com** e clicar em "Constraints Assessment" (Avaliação dos Obstáculos).

SOBRE AS OFERTAS DE PRODUTOS E SERVIÇOS DA ACCELERANT INTERNATIONAL – CLIENTES ATENDIDOS

*P*OR QUE VOCÊ ESTARIA INTERESSADO NOS NOSSOS SERVIÇOS?

Os clientes que nós atendemos compartilham de vários objetivos comuns:

- Eles desejam mais receita de primeira linha em um passo mais rápido.

- Eles podem ter um processo de vendas, tanto destinado ao consumo local ou em um dos programas de treinamento de vendas popular. Ou eles estão considerando criar um novo processo.

- Eles desejam ciclos de venda mais curtos e uma redução nas despesas de venda.

- Eles querem que os seus produtores comuniquem as suas proposições de valor mais claramente, e em menos tempo, quando na presença dos executivos de nível sênior.

- Eles empregam profissionais experientes que tenham sido expostos a várias metodologias de vendas em suas carreiras.

- Eles acreditam que, se os desenvolvedores do negócio são capazes de ter uma audiência com uma ou duas pessoas do nível sênior na reunião inicial, podem aumentar a sua taxa de fechamento e levar as oportunidades de administração a um desfecho mais rápido.

- Eles querem que o seu pessoal apresente proposições de valor para uma audiência com maior autoridade para tomar decisões, fazendo com que a oportunidade se amplie, permitindo a avaliação precoce do potencial no ciclo de cortejo.

Se a sua organização compartilha de objetivos similares, podemos fornecer benefício genuíno.

VISÃO GERAL DO EXECUTIVO

A *ACCELERANT É UMA LÍDER DO PENSAMENTO, RESPEITADA EM EMPRESAS* com aceleração, compressão de vendas e ciclos de fechamento e melhoria da margem de receita. A companhia trabalha com gerenciamento sênior, vendas, desenvolvimento de negócios e organizações de marketing de companhias internacionais, de médio e pequeno portes – tanto públicas quanto privadas.

Como provedora de serviços de melhoria do processo do negócio, focada na fase final dos esforços de desenvolvimento do negócio de uma companhia, a Accelerant ajuda com sucesso as companhias a atingir e exceder os seus números através de consultoria estratégica, avaliação, oficinas para executivos, programas de treinamento e serviços gerenciados.

A nossa prática está focada em treinamento, consultoria, adaptação e ajuda para implementar processos de negócios provados no campo e metodologia respeitáveis que possibilitam as companhias a acelerar a sua base de renda, reduzir os ciclos de fechamento em até 25%, diminuir os níveis do custo de vendas em até 25% e reenergizar o gerenciamento sênior e as organizações de campo com princípios que eles se sentem prazerosos em utilizar, porque eles podem produzir resultados.

ATIVANDO RESULTADOS

A Accelerant oferece às organizações um conjunto coeso dos Princípios Ativadores, cada um unicamente conectado ao planejamento, acesso, qualificação e fechamento de oportunidade de negócios num reduzido horizonte temporal. Cada princípio é um conjunto de competências; com própria "solução de ponta" – permitindo aos clientes flexibilidade em focar sobre esses princípios o que melhor se adapte ao seu orçamento e necessidades imediatas. Para ter uma visão da lista completa de oficinas, programas de treinamento, consultoria e ofertas de serviços gerenciados, favor visitar o nosso *site* em www.accelerantinternational.com e clicar em "Core Offerings" (Essência das Ofertas).

CONVERSAS COM O AUTOR

VOCÊ PODE JUNTAR-SE ÀS CONVERSAÇÕES SEMANAIS, MENSAIS OU BIMESTRAIS com o autor, em que ele discute os obstáculos em mais detalhes, explicando como podem impedir os seus esforços. Ele então destaca um Ativador cada mês, discutindo as várias aplicações de como eles podem ser usados para prover valor adicional e, considerando as suas perguntas, como utilizar essas ferramentas no campo. Aprenda mais sobre essas oportunidades visitando o nosso *site*.

> ## DISCURSO COM A NOTA TÔNICA PARA A SUA
> ## PRÓXIMA REUNIÃO OU EVENTO DA COMPANHIA

*M*ICHAEL A. BOYLAN É O FUNDADOR DA ACCELERANT, CRIADOR DOS Princípios Ativadores e do Processo Ativador para Negócios e autor de *Accelerants* (*Ativando Resultados*). Ele tem fornecido a nota tônica para algumas das mais respeitadas companhias nos Estados Unidos e no exterior.

Boylan é um dos oradores cuja plataforma principal tem o mais alto conteúdo nas convenções atuais da Microsoft World Fusion. Ele tem impressionado grandes conjuntos de vários milhares de pessoas, como também pequenos grupos de executivos seniores aposentados. Seu estilo respeitoso engaja audiências, criando alta interatividade e humor em direcionamentos de pensamentos provocativos e sessões que recebem consistentemente altos índices de atendimento, seja por parte do cliente, seja da audiência.

Para uma lista parcial de companhias, Boylan dirigiu informações sobre taxas sobre a nota tônica e disponibilidades; favor visitar o nosso *site* em **www.accelerantinternational.com** e clicar em "Keynote Speaking" (Falando sobre a Nota Tônica).

Você também está convidado a telefonar para o nosso escritório em Minneapolis pelo número 952-445-7854. Podemos programar uma chamada para conferência para saber das suas metas e seus objetivos particulares, a fim de que possamos oferecer sugestões sobre como assegurar o seu sucesso.

Muito obrigado. Esperamos ser de mais valia no nosso próximo encontro.

Tenha o máximo proveito, Ativador.

OS PRINCÍPIOS ATIVADORES

PRIMEIRO ATIVADOR_____ *AVALIE O SEU STATUS*

SEGUNDO ATIVADOR_____ *PROJETE O SEU FUTURO*

TERCEIRO ATIVADOR _____ *PRIVILEGIE O SEU PROGRESSO*

QUARTO ATIVADOR_____ *METRIFIQUE A MENSAGEM*

QUINTO ATIVADOR_____ *ACESSE O CASTELO*

SEXTO ATIVADOR _____ *ENTREGUE A SUA ÚLTIMA APRESENTAÇÃO*

SÉTIMO ATIVADOR _____ *PINTE O QUADRO FINANCEIRO*

OITAVO ATIVADOR _____ *MANTENHA A SUA FUNDAMENTAÇÃO*

NONO ATIVADOR _____ *CONDUZA O CONCERTO*

DÉCIMO ATIVADOR_____ *HARMONIZE-SE QUANTO AO DINHEIRO*

DÉCIMO PRIMEIRO ATIVADOR_____ *CALIBRE-SE PARA O SUCESSO*

DÉCIMO SEGUNDO ATIVADOR _____ *COMPLETE O CICLO DE INTEGRAÇÃO*

Os Princípios ATIVADORES e O PROCESSO ATIVADOR para Negócios são marcas comerciais, marcas comerciais registradas e marcas de serviço pertencentes ao The Boylan Group, Inc. Copyright © 2007 pelo The Boylan Group, Inc. Todos os direitos estão reservados. A companhia protege e reforça os seus direitos nas suas marcas.

ÍNDICE REMISSIVO

abordagem unidade por unidade 163

acessar o castelo 86, 164, 176, 189

acesse o castelo 118, 119

acesso com os tomadores de decisão 119

a matriz do bloquear e atacar 98

as percepções gerais do cliente ou possível cliente da sua indústria 21

ativadores(s)
benefícios financeiros 73, 77, 78, 79, 114, 153
conduza o concerto 160, 215

avaliação do nosso *status* 86

avalie o seu estado 91, 205

avalie o seu estado a conduza o concerto 160

baixo nível dentro da equitable university 132

calibre-se para o sucesso 161, 162

ciclo de alavancagem 6, 7, 190

círculo do sistema de alavancagem ou col 10

círculo do sistema de mediação 85

complete o ciclo de integração 166

comprar e implementar 9

conduza o concerto 153, 154

confiança contínua 25, 27, 28

Covey 93, 195, 196

crescimento 2, 16, 45, 76, 103, 165

crescimento do seu negócio 4, 6, 30, 93

customizar 199

desconexão 49

desconexão entre as organizações de vendas e marketing 49

ego 149

engajamento nas organizações do

218 | ÍNDICE REMISSIVO

cliente e do possível cliente 54
entregar a última apresentação
136, 139, 142
equitable life insurance company
of america 129
história de sucesso do ativador
175
história de sucesso do ativador:
129, 175, 183, 188
história de sucesso do ativador:
executar – criar – executar 183
estratégia de abordagem 128, 184
eventos estão impulsionando 29
executar – criar – executar 170,
184
exemplo de sinergia 51

finalidade 76, 155, 179, 195
foco 73
formato de 1/3 ... 2/3 da
apresentação condensada 136,
138, 139, 141
formato de apresentação
condensada 6, 7, 13
fraude 61

ganhar acesso ao indivíduo 122
gerência de relacionamento com o
cliente (crm) 58
gerência executiva 3, 43
gerenciamento 2, 35, 116, 205,
gerenciamento de qualidade total
(TQM) 61

harmonizar-se com o dinheiro
158

impacto financeiro esta falta de
percepção positiva 36
inabilidade de articular 60
instrumento de validação da
proposição de valor 146, 153,
155, 165

livro de Covey 196

mantenha a sua fundamentação
148, 149
marketing
desconexão com equipe de
vendas 4
falta de comunicação em
mensagens/propostas de
valor 4
matriz do bloquear e atacar 97, 99,
103, 121
medo
de estar errado 64
de pré-qualificar cliente 62, 65
de rejeição 62
de tomada de decisão 61
megafusões e aquisições gigantes
por mega-agências 32
métrica 111
metrifique a mensagem 52
Michael A. Boylan 213

ÍNDICE REMISSIVO | 219

multinacionais de multibilhões de
dólares 99, 107
multinacional de gerenciamento de
consultoria 183

necessidades de abordagem 121
níveis de gerenciamento 2
níveis de produtividade 109, 178

operação de cobrança 175, 178
o processo de tomada de decisão
em nível executivo 43
organização de marketing 48

papel 39, 69, 70, 71
percepção da sua equipe do seu
negócio, produtos e serviços 35
piloto – a iniciativa de um ativador
163
pinte o quadro financeiro 143, 144
pintura do quadro financeiro 89,
180
premissas subjacentes 122
pré-qualificar 65
pré-qualificar exageradamente o
cliente 65
previsão 59
privilegie e seu progresso 103
procedimentos 145
processo ativador de negócios? 3
produtos e serviços 35, 207

programa de treinamento 127,
129
projete o seu futuro 95, 96
propaganda ou marketing 188,
189
proposições de valor aos
tomadores de decisão 60

receio de dirigir a dança 68
receio de pré-qualificar 65
recursos para as taxas 189
recursos valiosos 25, 103
restrição 69
reunião inicial 9, 150, 186, 207
revisões 58
revisões do duto dos seus
vendedores. 58

sistema do círculo de abordagem
122
sistema do círculo de abordagem –
ou COL 122
Stephen R. Covey 93, 195

técnica de imersão 139, 141, 180
tomada de decisão 3, 43, 61, 139

valor 1, 71, 143, 211
vendas 1, 36, 55, 73

Este livro foi impresso nas oficinas gráficas da Editora Vozes Ltda.,
Rua Frei Luís, 100 – Petrópolis, RJ.